*Gärtnern mit Liebe*
*Kochen aus Leidenschaft*

Impressum:

Kral GmbH (Inh. Robert Ivancich), John F. Kennedy-Platz 2, A-2560 Berndorf

Tel: 02672/82236, Fax: 02672/82236-4

office@kral-verlag.at, www.kral-verlag.at



**Redaktion & Texte:** Reinhard Kittenberger, Georg Luger, Manuela Murth, Su Rihs, Dipl.-Ing. Andrea Schubert

**Umschlaggestaltung:** Su Rihs – www.surihs.at

© **Umschlagbilder:** Fotolia.de, Dipl.-Ing. Robert Herbst, Pauli Bauer, Alexander Haiden

**Buchgestaltung** – **Grafik, Satz:** Su Rihs – www.surihs.at

© **Bilder:** Dipl.-Ing. Robert Herbst, Kittenberger Erlebnisgärten, Natur im Garten, Alexander Haiden, Pauli Bauer

**Bildbearbeitung:** Dipl.-Ing. Robert Herbst, Su Rihs – www.surihs.at

ISBN-10: 3-902447-59-1

ISBN-13: 978-3-902447-59-3

EAN: 9783902447593

Erschienen in Berndorf 2009

# INHALT

# VORWORT

Ich gehe durch unseren reich bestückten Gartenshop in den Kittenberger Erlebnisgärten in Schiltern bei Langenlois und verweile in der sonnendurchfluteten Bücherabteilung. Von den fesselnden Lauten des Papageienpärchens begleitet, schmökere ich in der großen Vielfalt an Garten- und Kochbüchern. Einem interessierten (Hobby-)Gärtner und Koch steht zu diesen Themen wirklich sehr viel zur Verfügung, aber eines suche ich jedoch überall vergebens: ein Buch, welches das Wesentliche vereint – **Garten und Küche**!

Als Hobbykoch bei Veranstaltungen in den Erlebnisgärten, wie z. B. „Heute grillt der Chef", fiel mir besonders auf, dass Tipps zur Zubereitung einfacher, schmackhafter Gerichte aus frischem Gemüse, Kräutern und Obst von vielen Damen und vor allem auch von Herren mit großem Interesse aufgenommen werden. Als ich dann im Herbst 2008 den jungen, dynamischen Gourmetkoch Georg Luger kennen lernte, war mir sofort klar, dass die Zeit gekommen war, mein über viele Jahre angesammeltes Gartenwissen in Kombination mit kulinarischen Köstlichkeiten in einem Buch niederzuschreiben.
Dieses Buch soll Menschen dazu bewegen, wieder die wahren Werte des Lebens zu spüren, zu fühlen und auch zu (be)greifen. Entspannung in der Gartenarbeit zu finden, um so Abstand vom Alltag zu gewinnen und neue Energie zu tanken. Diese Energie findet sich wieder in Gemüse und Kräutern, die als hochwertige Nahrungsmittel dem Körper auf verschiedenste Art und Weise zugute kommen.
Der „Mehrwert" des Gartens wird hier groß geschrieben und zeigt, durch teilweise sehr einfache Tipps, wie man einen Naschgarten optimal anlegt, nützt und pflegt. Viele wertvolle Tipps und ein ausgearbeiteter Anpflanz- und Ernteplan erleichtern das Anlegen des Selbstversorgergartens, der das ganze Jahr über frische und vitaminreiche Nahrung für die ganze Familie bietet. Durch den vielfältigen Einsatz von Selbstgezogenem in der Gourmetküche erfreut dies nicht nur den Gaumen, sondern auch Familie, Freunde und Gäste.

Ich würde mich freuen, Sie auf den Geschmack und „Lust auf Garten" gebracht zu haben und wünsche viel Spaß beim „Gärtnern" und Nachkochen.

Ihr Reinhard Kittenberger

Erlebnisgärtner Reinhard Kittenberger mit Hund Flora

# *Gärtner aus Berufung*

## Reinhard Kittenberger

Gärtner aus Berufung und Hobbykoch, Pionier des Gartentourismus in Niederösterreich. Bekannt durch begeisternde Vorträge zum Thema „Garten-Erlebnis mit allen Sinnen“ im In- und Ausland. Seit über 25 Jahren ist er selbstständiger Planer und Gartengestalter, sowie Besitzer von einem der schönsten Erlebnisgärten Österreichs im malerischen Gartenort Schiltern im südlichen Waldviertel.
Neben seinem beruflich ausgefüllten Leben widmet er sich mit seiner Frau Marianne dem Wohl seiner Haustiere – Hund Flora, 8 Katzen, 2 Papageien, 4 Ziegen, 1 Schaf und 1 Hängebauchschwein, sowie 6 Hasen. Zum mentalen und sportlichen Ausgleich ist er leidenschaftlicher Golfer allerdings mit hohem Handicap, weil ihm kaum Zeit für Turniere bleibt. Bei privaten Festen und Veranstaltungen im Erlebnisgarten greift Reinhard Kittenberger des Öfteren gerne mal zu seinem Akkordeon oder seinem Keyboard und verzaubert mit seiner außergewöhnlichen Stimme seine Gäste.

## Georg Luger

Koch aus Liebe und Leidenschaft, Spezialist für Kräuter, Naturküche und kreative Interpretationen bekannter Speisen.
Er sammelte trotz seiner jungen Jahre schon viel Erfahrung bei Niederösterreichs Spitzengastronomen wie Toni Mörwald, Hanner, Sodoma und war bereits mit 24 Jahren Küchenchef im 2 Haubenlokal „Eva Salomon“.

Seit 1 Jahren ist er stolzer Hausbesitzer mit einem großen Garten und passionierter Hobbygärtner.
Zum Ausgleich joggt er gerne mit seinen 2 Hunden und verwöhnt seine Frau Petra, die ihn täglich auch im GartenBistro unterstützt, mit außergewöhnlichen Eigenkreationen.

2008 wurde er zu Österreichs erstem „Gartenkoch“ in den Kittenberger Erlebnisgärten in Schiltern und macht mit seinen Gartenkreationen dem Titel alle Ehre.

## Die Idee dahinter

**Haben Sie schon einmal beobachtet, welche Pflanzenvielfalt im Laufe eines Sommers im Garten heranwächst?**

Rote und gelbe Blätter, kleine und große Früchte, Knollen unter Blättern verborgen, doch wissen wir meist sehr wenig über die Verwendung. Argloses probieren kann hier jedoch so manche Bauchschmerzen verursachen, denn nicht alles was schön anzuschauen ist eignet sich zum Verzehr.

Kühe, Schafe, Pferde, die auf einer saftigen Kräuterwiese weiden, werden instinktiv niemals giftige Pflanzen wie Schachtelhalm, Herbstzeitlose usw. fressen. Bei uns Menschen ist dieser Instinkt verloren gegangen und wir müssen wieder lernen, welche Pflanzen für uns verträglich sind.

Besonders in den letzten Jahrhunderten wurden viele Pflanzenarten nach Europa gebracht, um als so genannte „Zierpflanzen" unsere Gärten und Balkone zu schmücken. Diese Pflanzen sollte man von Grund her meiden und weder als Dekoration auf den Teller bringen, noch als Genussmittel anbieten, bzw. verarbeiten.

Die „Apotheke aus der Natur" haben die Menschen über Jahrtausende genutzt. Sie wussten um die heilenden Kräfte aus der Natur und diese gesundheitsfördernd einzusetzen. Ebenso die vielfältigen Aromen in schmackhaften Speisen einzubringen.

Heute, wo wir im Überfluss Obst- und Gemüsesorten aus allen Ländern dieser Welt täglich auf Hochglanz poliert präsentiert bekommen, wird es wieder spannend heimische und ursprüngliche, sozusagen „vor der Haustüre" wachsende, Gemüse-, Obst- und Kräuterpflanzen in unsere Küche zu bringen und zu herrlichen Gerichten zu verarbeiten.

Bei großen Festen merke ich es immer wieder, dass Kaviar, Lachspasteten, usw. nicht mehr gefragt sind. Frische Kräuteraufstriche, knackige Salate, bunte Obstkreationen, die leichte Küche sind die neuen Highlights bei Buffets und Menüs. Der anhaltende Trend sich vollwertig, BIOlogisch und gesund zu ernähren, rückt den eigenen Gemüsegarten wieder ins Rampenlicht.

Ein gut angelegter Gemüsegarten bietet zu jeder Jahreszeit ausreichende Versorgung mit den wichtigsten Gemüsesorten und Nährstoffen. Dieser hilft nicht nur Geld zu sparen, die ganze Familie gesund zu halten, sondern auch sich gemeinsam im Garten – in der Natur – zu beschäftigen und seine ursprünglichen Instinkte wieder zu wecken.

Deshalb wollen wir, Georg Luger Gartenkoch & Hobbygärtner und Reinhard Kittenberger Erlebnisgärtner & Hobbykoch, Ihnen in diesem Buch die wichtigsten Tipps geben, wie Sie erfolgreich einen Selbstversorgergarten anlegen. Tricks, wie Ihre Ernte erfolgreich ausfällt und wie Sie daraus köstliche Gerichte für Ihre Familie und Freunde zubereiten können. Egal, ob Sie dabei Ihre Küche im Haus, eine „Gartenküche", einen Grill, Wok oder Steinofen verwenden. Sie werden begeistert sein, was in Ihnen und in Ihrem Garten alles steckt.

# *Der Gemüsegarten – mein Energieversorger für die ganze Familie!*

Der Hausgemüsegarten, seit jeher zentrale Selbstversorgungsstelle der Familie, dient vorrangig zur gesunden Ernährung, da das eigene Gemüse hoffentlich biologisch ist. Er kann aber auch wertvoller Ausgleich zum Beruf und sinnvolle Freizeitbeschäftigung sein.

Die optimale Größe der Anbaufläche richtet sich nach der Anzahl der im Haus lebenden Personen.
Grundsätzlich gilt die Faustregel: **ca. 30 m² pro Person**, um sich aus dem eigenen Garten das ganze Jahr mit Gemüse zu versorgen. Das würde bei einer 4-köpfigen Familie eine Fläche von 120 m² in Anspruch nehmen.

Bei der Wahl der Gemüsegartenfläche ist auf verschiedene Faktoren zu achten. Zum einen, sollten es sehr sonnige Flächen sein. Zum anderen, eine Fläche, die gegen Wind geschützt ist.
Nutzen Sie auch die Dachfläche eines Flachdaches – dort ist meist den ganzen Tag Sonne!

TIPP Durch Pflanzung von Hecken, sowie Beerensträuchern oder kleinen Obstbäumen, kann man den Windschutz verstärken.

Für ein sicheres und üppiges Wachstum ist auf die Bodenqualität zu achten. Sehr geeignet sind Böden, die humos und tiefgründig sind, damit sich die Wurzeln richtig entfalten können, sowie sandige Lehmböden oder lehmige Sandböden. Diese Böden erwärmen sich schnell, halten das Wasser und werden ausreichend durchlüftet. Durch Beimischung von Stallmist oder Kompost wird der Boden aufgebessert und durch Bio-Dünger werden die Pflanzen optimal versorgt. Aber Achtung, nicht zu frischen Mist oder Kompost verwenden, sonst können durch den freiwerdenden Stickstoff (Ammoniak) die jungen Gemüsepflanzen verbrennen.

TIPP Frische Kräuter sollten Sie täglich auf Ihrem Speiseplan haben, da sie reich an Vitaminen, Mineralstoffen und sekundären Pflanzenstoffen sind. Sie stärken das Immunsystem und machen freie Radikale unschädlich.

# *Fruchtfolge – was pflanze ich nach dem …?*

Pflanzen entnehmen dem Boden unterschiedliche Nährstoffe und hinterlassen auch verschiedene giftige Stoffwechselprodukte. Somit ist es wichtig, eine Fruchtfolge einzuhalten, um der Bodenmüdigkeit vorzubeugen. In der Landwirtschaft wird aus diesem Grund schon seit Jahrhunderten die Dreifelderwirtschaft angewandt. Pflanzen Sie daher die gleiche Gemüsesorte frühestens nach 3 Jahren wieder im selben Beet an. Sie beugen dadurch dem Nährstoffentzug des Bodens vor, sowie der Verschleppung von Krankheiten und Schädlingen. Es gibt verschiedene Pläne, wie man Gemüse abwechselnd anbauen kann. Unseren Favoriten bringen wir Ihnen hier im Detail näher.

Das Gemüse wird unterteilt in Starkzehrer, Mittelzehrer und Schwachzehrer. Somit kann die Fruchtfolge wie folgt aussehen:

**1. Jahr: Starkzehrer**
**2. Jahr: Mittelzehrer**
**3. Jahr: Schwachzehrer**
**4. Jahr: Starkzehrer**
**5. Jahr: Mittelzehrer**
**6. Jahr: Schwachzehrer**

**Welche Gemüsesorten sind nun Stark-, Mittel- und Schwachzehrer?**

**Starkzehrer:**
Melanzani, Karfiol, Frühkartoffel, Paprika, Gurke, Kürbis, Spargel, Rhabarber, Zucchini, Erdbeere

**Mittelzehrer:**
Chinakohl, Kohlrabi, Mangold, Fenchel, Porree, Sellerie, Paradeiser, Radieschen, Zwiebel, Melonen, Knoblauch, Rote Rüben, Karotten, Salatarten, Spinat

**Schwachzehrer:**
Bohnen, Erbsen (Leguminosen), Kräuter

# Der Kreativität sind keine Grenzen gesetzt!

**Frühlingszeit ist Aufbruchszeit, die Natur erwacht zu neuem und buntem Leben. Nun ist auch Zeit, unseren Gemüse-Naschgarten neu anzulegen und zu gestalten. Hiefür gibt es viele verschiedene Formen und Gestaltungsmöglichkeiten.**

## Der Einfache und Schnelle

In der Rasenfläche einige Beete anzeichnen, Rasen abheben, Kompost und Sand je nach Bodenbeschaffenheit einbringen. Um den Gemüsegarten übersichtlich zu gestalten, wird er am besten in etwa 1,20 m breite und 8–10 m lange Beete geteilt, welche durch schmale Wege (30–40 cm) voneinander getrennt werden. Breitere Beete sind unnötig, da sie die Arbeit unheimlich erschweren, den Rücken belasten und uns so die Freude am selbstgezogenen Gemüse genommen wird.

## Der aus Großmutters Zeiten

Der kreativere Bauerngarten besteht aus 4 gleichen Beeten mit einem Wegkreuz in der Mitte. Dieses entweder aus alten Beton-, Natursteinplatten, oder alten Ziegeln legen, die, sofern sie frostsicher sind, einen besonderen Blickfang ergeben. Die Beete mit Buchshecken einfassen, nicht nur wegen der optisch schönen Form und der klaren Linie, sondern auch wegen Großmutters alter Weisheit: „Pflanze Bux so, dass sie ein Beet umrahmen oder zumindest im Lauf der Zeit die Wurzeln sich küssen, dann wirst du keine Probleme mit Erdstrahlen und Wasseradern haben!“ Das heißt, der Bux ist eine Pflanze, die Gemüse, Obst und uns Menschen bestens schützt.
In jedes der vier entstandenen Beete Gemüsepflanzen laut Anpflanz- und Ernteplan (siehe Seite 16) anordnen. Auch Beerensträucher am Rand, ein Obstbäumchen in der Mitte, sowie Schnittblumen und Zwiebelpflanzen haben hier ihren Platz.

### Der Moderne

Eine weitere Möglichkeit einen Nutzgarten anzulegen, sind moderne Hochbeete und Gewächshäuser im Garten, welche vor allem in der Bearbeitung angenehm sind. Hochbeete, mit einer für Ihren Rücken angenehmen Arbeitshöhe von ca. 70 cm (Tischhöhe), werden mit ca. 20 cm grobem Schnittholzmaterial (Abfälle vom Baum- und Strauchschnitt oder der alte Christbaum vom Weihnachtsabend) aufgefüllt. Darauf eine Schicht von ca.10 cm Stroh oder Laub, das zusammengedrückt wie ein Filtervlies wirkt und überschüssiges Wasser in das grobporige Unterholz ableitet, auftragen. Als nächstes wird bis ca. 20 cm unter dem Rand eine Schicht Gartenerde – natürlich frei von Wurzeln und Bei(Un)kräutern wie Beier und Quecke oder Distel, eingebracht. Ist die Erde, die Sie zu Verfügung haben, mit solchen unerwünschten Beikräutern unterwachsen so empfehle ich Ihnen die Erde durch ein Wurfgitter zu werfen und darauf zu achten, dass keinerlei Wurzelteile in das Hochbeet gelangen.

Die oberste Schicht (20 cm) ist die Wichtigste, denn hier wächst und reift unser Gemüse heran. Gute Ackererde, frei von Steinen und Wurzeln mit ca. 50 % Kompost durchmischen und einbringen. Dabei müssen Sie darauf achten, dass der Kompost bereits vollständig verrottet ist. Zu junger Kompost, das heißt Pflanzenteile sind noch in der Verrottung, kann junge Gemüsepflanzen oder Samen von frisch angebautem Gemüse und Kräutern schädigen und absterben lassen. Dadurch verlieren Sie wertvolle Wachstumszeit und müssen Ihr Gemüse wieder teuer einkaufen.

## Damit ich weiß, was ich wann tun soll!

### Der Jahres-Aussaat-, Anpflanz- und Ernteplan für Ihren Gemüsegarten!

Egal für welche Art von Gemüsegarten Sie sich entscheiden, wichtig ist, dass Sie sich einen Plan zurechtlegen, in dem genau beschrieben ist wann Sie Gemüse ansäen bzw. auspflanzen und zu welcher Zeit dieses geerntet werden kann, damit die darauf folgenden Kulturen noch genug Reifezeit bekommen. Anbei finden Sie einen Vorschlag wie Ihr Gemüsegarten, abgestimmt auf unsere Rezepte, wöchentlich angepflanzt werden kann.

| BEET 1 FRÜHBEET | Monat | März | | | | April | | | | | Mai | | | | Juni | | | | Juli | | | | | August | | | | Pflanzabstand in cm |
|---|---|---|---|---|---|---|---|---|---|---|---|---|---|---|---|---|---|---|---|---|---|---|---|---|---|---|---|---|
| | KW | 10 | 11 | 12 | 13 | 14 | 15 | 16 | 17 | 18 | 19 | 20 | 21 | 22 | 23 | 24 | 25 | 26 | 27 | 28 | 29 | 30 | 31 | 32 | 33 | 34 | 35 | |
| Vogerlsalat | Saat | | | | | | | | | | | | | | | | | | | | | | | | | | | 15 |
| Spinat | Saat | Saat | Saat | | | | | | | | Ernten | Ernten | Ernten | | | | | | | | | | | | | | | 20 |
| Mangold | Saat | Saat | 1*) | | | | | | | | | | | | | | | | | | | | | | | | | 40 x 30 |
| Kopfsalat | Saat | Saat | 2*) | | | | | | | | | | | | | | | | | | | | | | | | | 30 x 25 |
| Kopfsalat | Pflanze | Pflanzung | | | | | | | | Ernten | Ernten | Ernten | | | | | | | | | | | | | | | | 30 x 25 |
| Rucola | Saat | Saat | Saat | | | | | Ernten | Ernten | Ernten | Ernten | | | | | | | | | | | | | | | | | 10 x 12 |
| Radieschen | Saat | Saat | Saat | | | | | | | Ernten | Ernten | Ernten | | | | | | | | | | | | | | | | 10 x 5 |
| Kohlrabi | Saat | Saat | 2*) | | | Saat | Saat | 1*) | | | | | | | | Saat | Saat | 1*) | | | | | | | | | | 25 x 25 |
| Gartenkresse | Saat | Saat | Saat | Ernten | Ernten | | | | | | | | | | | | | | | | | | | | | | | 320 x 3 |
| Porree | Saat | | Saat | Saat | 1*) | | | | | | | | | | | | | | | | | | | | | | | 40 x 10 |
| Karfiol | Saat | | Saat | Saat | 2*) | | | | | | | | | | | | | | | | | | | | | | | 60 x 60 |
| Brokkoli | Saat | | Saat | Saat | 2*) | | | | | | | | | | | | | | | | | | | | | | | 50 x 50 |
| Paradeiser | Saat | | | | | Saat | Saat | | | | Pflanzung | Pflanzung | | | | | | | | | Ernten | Ernten | Ernten | Ernten | Ernten | Ernten | Ernten | 90 x 50 |
| Paprika | Saat | | | | | Saat | Saat | | | | Pflanzung | Pflanzung | | | | | | | | | Ernten | Ernten | Ernten | Ernten | Ernten | Ernten | Ernten | 60 x 50 |
| Gurke | Saat | | | | | | | | | | | | | Saat | Saat | | | | | | Ernten | Ernten | Ernten | Ernten | Ernten | Ernten | Ernten | 120 x 10 |
| Melanzani | Saat | | | | | | | | | | Saat | Saat | Pflanzung | Pflanzung | | | | | | | Ernten | Ernten | Ernten | Ernten | Ernten | Ernten | Ernten | 50 x 100 |
| Radicchio | Saat | | | | | | | | | | Saat | Saat | 2*) | | | | | | | | | | | | | | | 25 x 30 |
| Winterendivie | Saat | | | | | | | | | | | | | | | | | Saat | Saat | 3*) | | | | | | | | 35 x 30 |

| BEET 1 FRÜHBEET | Monat | September | | | | Oktober | | | | | November | | | | Dezember | | | | Jänner | | | | | Februar | | | | Pflanzabstand in cm |
|---|---|---|---|---|---|---|---|---|---|---|---|---|---|---|---|---|---|---|---|---|---|---|---|---|---|---|---|---|
| | KW | 36 | 37 | 38 | 39 | 40 | 41 | 42 | 43 | 44 | 45 | 46 | 47 | 48 | 49 | 50 | 51 | 52 | 1 | 2 | 3 | 4 | 5 | 6 | 7 | 8 | 9 | |
| Vogerlsalat | Saat | | | | | Saat | Saat | | | | | | | Ernten | Ernten | Ernten | | | | | | Ernten | Ernten | Ernten | Ernten | Ernten | | 15 |
| Spinat | Saat | | | | | Saat | Saat | | | | | | | Ernten | Ernten | Ernten | | | | | | | | | | | Saat | 20 |
| Mangold | Saat | | | | | | | | | | | | | | | | | | | | | | | | | | Saat | 40 x 30 |
| Kopfsalat | Saat | | | | | | | | | | | Ernten | Ernten | Ernten | | | | | | | | | | | | | Saat | 30 x 25 |
| Kopfsalat | Pflanze | | Pflanzung | Pflanzung | | | | | | | | | | | | | | | | | | | | | | | Pflanzung | 30 x 25 |
| Rucola | Saat | | | | | | | | | | | | | | | | | | | | | | | | | | | 10 x 12 |
| Radieschen | Saat | | Saat | Saat | | | | | | | | Ernten | Ernten | Ernten | | | | | | | | | | | | | | 10 x 5 |
| Kohlrabi | Saat | | | | | | | | | | | | | | | | | | | | | | | | | | Saat | 25 x 25 |
| Gartenkresse | Saat | | | | | Saat | Saat | Ernten | Saat | Saat | Ernten | | | | | | | | | | | | | | | | | 320 x 3 |
| Porree | Saat | | | | | | | | | | | | | | | | | | | | | | | | | | | 40 x 10 |
| Karfiol | Saat | | | | | | | | | | | | | | | | | | | | | | | | | | | 60 x 60 |
| Brokkoli | Saat | | | | | | | | | | | | | | | | | | | | | | | | | | | 50 x 50 |
| Paradeiser | Saat | Ernten | Ernten | Ernten | Ernten | Ernten | Ernten | Ernten | Ernten | Ernten | | | | | | | | | | | | | | | | | | 90 x 50 |
| Paprika | Saat | Ernten | Ernten | Ernten | Ernten | | | | | | | | | | | | | | | | | | | | | | | 60 x 50 |
| Gurke | Saat | Ernten | | | | | | | | | | | | | | | | | | | | | | | | | | 120 x 10 |
| Melanzani | Saat | Ernten | Ernten | Ernten | Ernten | Ernten | Ernten | Ernten | Ernten | Ernten | | | | | | | | | | | | | | | | | | 50 x 100 |
| Radicchio | Saat | | | | | | | | | | | | | | | | | | | | | | | | | | | 25 x 30 |
| Winterendivie | Saat | | | | | | | | | | | | | | | | | | | | | | | | | | | 35 x 30 |

Pflanzung Saat Ernten

| BEET 2 STARK-ZEHRER | Monat | März | | | | April | | | | | Mai | | | | Juni | | | | Juli | | | | | August | | | | Pflanz-abstand in cm |
|---|---|---|---|---|---|---|---|---|---|---|---|---|---|---|---|---|---|---|---|---|---|---|---|---|---|---|---|---|
| | KW | 10 | 11 | 12 | 13 | 14 | 15 | 16 | 17 | 18 | 19 | 20 | 21 | 22 | 23 | 24 | 25 | 26 | 27 | 28 | 29 | 30 | 31 | 32 | 33 | 34 | 35 | |
| Karfiol | Pflanze | | | | | | | | | Pflanzung | Pflanzung | Pflanzung | | | | | | Ernten | Ernten | Ernten | Ernten | | | | | | | 60 x 60 |
| Brokkoli | Pflanze | | | | | | | Pflanzung | Pflanzung | 2 | | | | | | | Ernten | Ernten | Ernten | Ernten | | | | | | | | 50 x 50 |
| Zucchini | Pflanze | | | | | | | | | | | Pflanzung | Pflanzung | | | | | Ernten | Ernten | Ernten | Ernten | Ernten | Ernten | Ernten | Ernten | Ernten | Ernten | 100 x 100 |
| Kürbis | Saat | | | | | | | | | | | Saat | Saat | | | | | | | | Ernten | Ernten | Ernten | Ernten | Ernten | Ernten | Ernten | 170 x 40 |
| Karotten | Saat | | | | | Saat | Saat | | | | | | | | | | | | Ernten | Ernten | Ernten | Ernten | Ernten | Ernten | Ernten | Ernten | Ernten | 40 x 10 |
| Steckzwiebel | Zwiebel | | Pflanzung | Pflanzung | | | | | | | | | | | | | | | | | | | Ernten | Ernten | Ernten | | | 30 x 25 |
| Jungzwiebel | Saat | | | Pflanzung | Pflanzung | Pflanzung | | | | | | | | | | | Ernten | Ernten | Ernten | | | | | | | | | 30 x 25 |
| Kopfsalat | Pflanze | | | | | Pflanzung | Pflanzung | 2 | | | | Ernten | Ernten | | | | | | | | | | | | | | | 30 x 25 |
| Kohlrabi | Pflanze | | | | | Pflanzung | Pflanzung | 2 | | | | | | | | | | Ernten | Ernten | | | | | | | | | 25 x 25 |
| Radieschen | Saat | | Saat | Saat | | | | | | | | Ernten | Ernten | | | | | | | | | | | | | | | 10 x 5 |
| Rucola | Saat | | | | | Saat | Saat | | | | | Ernten | Ernten | | | | | | | | | | | | | | | 10 x 12 |
| Brokkoli | Pflanze | | | | | | | | | | | | | | Pflanzung | Pflanzung | Pflanzung | Pflanzung | | | | | | Ernten | Ernten | Ernten | | 50 x 50 |
| Radicchio | Pflanze | | | | | | | | | | | | | | Pflanzung | Pflanzung | 2 | | | | | | | | | Ernten | Ernten | 25 x 30 |
| Karfiol | Pflanze | | | | | | | | | | | | | | Pflanzung | Pflanzung | 2 | | | | | | | Ernten | Ernten | Ernten | Ernten | 60 x 560 |
| Sprossenkohl | Pflanze | | | | | | | | | | | | | | Pflanzung | Pflanzung | | | | | | | | | | | | 75 x 60 |

| BEET 2 STARK-ZEHRER | Monat | September | | | | Oktober | | | | | November | | | | Dezember | | | | Jänner | | | | | Februar | | | | Pflanz-abstand in cm |
|---|---|---|---|---|---|---|---|---|---|---|---|---|---|---|---|---|---|---|---|---|---|---|---|---|---|---|---|---|
| | KW | 36 | 37 | 38 | 39 | 40 | 41 | 42 | 43 | 44 | 45 | 46 | 47 | 48 | 49 | 50 | 51 | 52 | 1 | 2 | 3 | 4 | 5 | 6 | 7 | 8 | 9 | |
| Karfiol | Pflanze | | | | | | | | | | | | | | | | | | | | | | | | | | | 60 x 60 |
| Brokkoli | Pflanze | | | | | | | | | | | | | | | | | | | | | | | | | | | 50 x 50 |
| Zucchini | Pflanze | Ernten | Ernten | Ernten | Ernten | | | | | | | | | | | | | | | | | | | | | | | 100 x 100 |
| Kürbis | Saat | Ernten | Ernten | Ernten | Ernten | | | | | | | | | | | | | | | | | | | | | | | 170 x 40 |
| Karotten | Saat | Ernten | Ernten | Ernten | Ernten | Ernten | Ernten | Ernten | Ernten | Ernten | | | | | | | | | | | | | | | | | | 40 x 10 |
| Steckzwiebel | Zwiebel | | | | | | | | | | | | | | | | | | | | | | | | | | | 30 x 25 |
| Jungzwiebel | Saat | | | | | | | | | | | | | | | | | | | | | | | | | | | 30 x 25 |
| Kopfsalat | Pflanze | | | | | | | | | | | | | | | | | | | | | | | | | | | 30 x 25 |
| Kohlrabi | Pflanze | | | | | | | | | | | | | | | | | | | | | | | | | | | 25 x 25 |
| Radieschen | Saat | | | | | | | | | | | | | | | | | | | | | | | | | | | 10 x 5 |
| Rucola | Saat | | | | | | | | | | | | | | | | | | | | | | | | | | | 10 x 12 |
| Brokkoli | Pflanze | | | | | | | | | | | | | | | | | | | | | | | | | | | 50 x 50 |
| Radicchio | Pflanze | | | | | | | | | | | | | | | | | | | | | | | | | | | 25 x 30 |
| Karfiol | Pflanze | | | | | | | | | | | | | | | | | | | | | | | | | | | 60 x 560 |
| Sprossenkohl | Pflanze | | | | | | | | | | | | | | Ernten | Ernten | | | | | | | | | | | | 75 x 60 |

Pflanzung   Saat   Ernten

Erklärung zu Beet 1 - Frühbeet:
1*) Aussäen und die Jungpflanze laut Anbauplan in Beet 3 (Mittelzehrer) setzen = 1
2*) Aussäen und die Jungpflanze laut Anbauplan in Beet 2 (Starkzehrer) setzen = 2
3*) Aussäen und die Jungpflanze laut Anbauplan in Beet 4 (Schwachzehrer) setzen = 3

| BEET 3 MITTEL-ZEHRER | Monat | März | | | | April | | | | | Mai | | | | Juni | | | | Juli | | | | | August | | | | Pflanz-abstand in cm |
|---|---|---|---|---|---|---|---|---|---|---|---|---|---|---|---|---|---|---|---|---|---|---|---|---|---|---|---|---|
| | KW | 10 | 11 | 12 | 13 | 14 | 15 | 16 | 17 | 18 | 19 | 20 | 21 | 22 | 23 | 24 | 25 | 26 | 27 | 28 | 29 | 30 | 31 | 32 | 33 | 34 | 35 | |
| Schnittpetersilie | Saat | Saat | Saat | | | | | | | | Ernten | Ernten | Ernten | Ernten | Ernten | Ernten | Ernten | Ernten | Ernten | Ernten | Ernten | Ernten | Ernten | Ernten | Ernten | Ernten | Ernten | 15 |
| Ernte Wurzel | | | | | | | | | | | | | | | | | | | | | | | | | | | | |
| Spinat | Saat | | | | Saat | Saat | | | | | | | | Ernten | Ernten | | | | | | | | | | | | | 20 |
| Kopfsalat | Pflanze | | | | | | | Pflanzung | Pflanzung | | | | | | | Ernten | Ernten | Ernten | | | | | | | | | | 30 x 25 |
| Fenchel | Saat | | | | | | | | | | | Saat | Saat | | | Pflanzung | Pflanzung | | | | | | | | Ernten | Ernten | Ernten | 30 x 20 |
| Vogerlsalat | Saat | | | | | | | | | | | | | | | | | | | | | | | | | | | 15 |
| Mangold | Pflanze | | | | | | | | | | Pflanzung | Pflanzung | 1 | | | | | | Ernten | Ernten | Ernten | Ernten | Ernten | Ernten | Ernten | Ernten | Ernten | 40 x 30 |
| Porree | Pflanze | | | | | | | | | | Pflanzung | Pflanzung | 1 | | | | | | | | Ernten | Ernten | Ernten | Ernten | Ernten | Ernten | Ernten | 40 x 10 |
| Stangensellerie | Pflanze | | | | | | | | | | Pflanzung | Pflanzung | | | | | | | | | | | | Ernten | Ernten | Ernten | Ernten | 40 x 40 |
| Knollensellerie | Pflanze | | | | | | | | | | Pflanzung | Pflanzung | | | | | | | | | | | | | | | | 40 x 40 |
| Rote Rüben | Saat | | | | | | | | Saat | Saat | | | | | | | | | Ernten | Ernten | Ernten | Ernten | Ernten | Ernten | Ernten | Ernten | Ernten | 30 x 30 |
| Kapuzinerkresse | Saat | | | | | | | | | | | | | | Saat | Saat | | | | | | | | | Ernten | Ernten | Ernten | 15 x 30 |
| Rucola | Saat | | | | | | | | | | | | | | | | | | Saat | Saat | | | | | | | Ernten | 10 x 12 |
| Kohlrabi | Pflanze | | | | | | | | | | Pflanzung | Pflanzung | 1 | | | | | | | | | | | | Ernten | Ernten | | 25 x 25 |
| Kohlrabi | Pflanze | | | | | | | | | | | | | | | | | | | | Pflanzung | Pflanzung | 1 | | | | | 50 x 30 |
| Kopfsalat | Pflanze | | | | | | | | | | | | | | | | | | | | | | Pflanzung | Pflanzung | | | | 30 x 25 |

1 = Von Beet 1 (Frühbeet)

| BEET 3 MITTEL-ZEHRER | Monat | September | | | | Oktober | | | | | November | | | | Dezember | | | | Jänner | | | | | Februar | | | | Pflanz-abstand in cm |
|---|---|---|---|---|---|---|---|---|---|---|---|---|---|---|---|---|---|---|---|---|---|---|---|---|---|---|---|---|
| | KW | 36 | 37 | 38 | 39 | 40 | 41 | 42 | 43 | 44 | 45 | 46 | 47 | 48 | 49 | 50 | 51 | 52 | 1 | 2 | 3 | 4 | 5 | 6 | 7 | 8 | 9 | |
| Schnittpetersilie | Saat | Ernten | Ernten | Ernten | Ernten | Ernten | Ernten | Ernten | Ernten | Ernten | Ernten | Ernten | Ernten | Ernten | Ernten | Ernten | Ernten | Ernten | | | | | | | | | | 15 |
| Ernte Wurzel | | | | | | | | Ernten | Ernten | | | | | | | | | | | | | | | | | | | |
| Spinat | Saat | | | | | | | | | | | | | | | | | | | | | | | | | | | 20 |
| Kopfsalat | Pflanze | | | | | | | | | | | | | | | | | | | | | | | | | | | 30 x 25 |
| Fenchel | Saat | Ernten | Ernten | | | | | | | | | | | | | | | | | | | | | | | | | 30 x 20 |
| Vogerlsalat | Saat | | Saat | Saat | | | | | | | | Ernten | Ernten | | | | | | | | | | | | | | | 15 |
| Mangold | Pflanze | Ernten | Ernten | Ernten | Ernten | Ernten | Ernten | Ernten | Ernten | Ernten | Ernten | Ernten | Ernten | Ernten | Ernten | | | | | | | | | | | | | 40 x 30 |
| Porree | Pflanze | Ernten | Ernten | Ernten | Ernten | Ernten | Ernten | Ernten | Ernten | Ernten | | | | | | | | | | | | | | | | | | 40 x 10 |
| Stangensellerie | Pflanze | Ernten | Ernten | Ernten | Ernten | | | | | | | | | | | | | | | | | | | | | | | 40 x 40 |
| Knollensellerie | Pflanze | | | | | Ernten | Ernten | Ernten | Ernten | Ernten | | | | | | | | | | | | | | | | | | 40 x 40 |
| Rote Rüben | Saat | Ernten | Ernten | Ernten | Ernten | Ernten | Ernten | Ernten | Ernten | Ernten | Ernten | Ernten | Ernten | Ernten | | | | | | | | | | | | | | 30 x 30 |
| Kapuzinerkresse | Saat | Ernten | Ernten | Ernten | Ernten | Ernten | Ernten | Ernten | Ernten | Ernten | | | | | | | | | | | | | | | | | | 15 x 30 |
| Rucola | Saat | Ernten | Ernten | | | | | | | | | | | | | | | | | | | | | | | | | 10 x 12 |
| Kohlrabi | Pflanze | Ernten | | | | | | | | | | | | | | | | | | | | | | | | | | 25 x 25 |
| Kohlrabi | Pflanze | | | | Ernten | Ernten | | | | | | | | | | | | | | | | | | | | | | 50 x 30 |
| Kopfsalat | Pflanze | | Ernten | Ernten | | | | | | | | | | | | | | | | | | | | | | | | 30 x 25 |

Pflanzung   Saat   Ernten

| BEET 4 SCHWACH-ZEHRER | Monat | März | | | | April | | | | | Mai | | | | Juni | | | | Juli | | | | | August | | | | Pflanz-abstand in cm |
|---|---|---|---|---|---|---|---|---|---|---|---|---|---|---|---|---|---|---|---|---|---|---|---|---|---|---|---|---|
| | KW | 10 | 11 | 12 | 13 | 14 | 15 | 16 | 17 | 18 | 19 | 20 | 21 | 22 | 23 | 24 | 25 | 26 | 27 | 28 | 29 | 30 | 31 | 32 | 33 | 34 | 35 | |
| Pastinaken | Saat | | | | | S | S | | | | | | | | | | | | | | | | | | | | | 40 x 10 |
| Topinambur | Knolle | | | | | | | | | | S | S | | | | | | | | | | | | | | | | 60 x 30 |
| Chinakohl | Saat | | | | | | | | | | | | | | | | | | | | | S | S | S | | | | 50 x 40 |
| Mairettich | Saat | | | | S | S | | | | | | | | E | E | E | E | E | E | E | | | | | | | | 15 x 20 |
| S-H Rettich | Saat | | | | | | | | | | | | | | | S | S | | | | | | E | E | E | E | E | 15 x 20 |
| H-W Rettich | Saat | | | | | | | | | | | | | | | | | | | | | | | | S | S | | 15 x 20 |
| Stangenbohne | Saat | | | | | | | | | | | S | S | | | | | | | E | E | | | | | | | 80 x 60 |
| Zuckererbsen | Saat | | S | S | | | | | | | | E | E | | | | | | | | | | | | | | | 40 x 10 |
| Winterendivie | Saat | | | | | | | | | | | | | | | | | | | | | | P | P | 3 | | | 35 x 30 |
| Knoblauch | Zwiebel | | | | P | P | | | | | | | | | | | | | | | | E | E | E | | | | 30 x 10 |
| Schnittlauch | Saat | | | | | | | S | S | | | E | E | E | E | E | E | E | E | E | E | E | E | E | E | E | E | 25 |
| Rhabarber | Pflanze | | | | | E | E | E | E | E | E | E | E | E | E | E | | | | | | | | | | | | 100x100 |
| Kartoffel | Knolle | | | | | | P | P | | | | | | | | | E | E | E | E | E | E | E | E | E | E | E | 60 x 70 |
| Schnittsalat | Saat | S | S | | | S | S | | S | S | E | E | E | E | S | S | E | E | S | S | E | E | E | S | S | E | E | 10 |

3 = von Beet 1 (Frühbeet)

| BEET 4 SCHWACH-ZEHRER | Monat | September | | | | Oktober | | | | | November | | | | Dezember | | | | Jänner | | | | | Februar | | | | Pflanz-abstand in cm |
|---|---|---|---|---|---|---|---|---|---|---|---|---|---|---|---|---|---|---|---|---|---|---|---|---|---|---|---|---|
| | KW | 36 | 37 | 38 | 39 | 40 | 41 | 42 | 43 | 44 | 45 | 46 | 47 | 48 | 49 | 50 | 51 | 52 | 1 | 2 | 3 | 4 | 5 | 6 | 7 | 8 | 9 | |
| Pastinaken | Saat | | | | E | E | E | | | | | | | | | | | | | | | | | | | | | 40 x 10 |
| Topinambur | Knolle | | | | | | | | | E | E | E | | | | | | | | | | | | | | | | 60 x 30 |
| Chinakohl | Saat | | | | E | E | E | E | E | E | E | E | E | | | | | | | | | | | | | | | 50 x 40 |
| Mairettich | Saat | | | | | | | | | | | | | | | | | | | | | | | | | | | 15 x 20 |
| S-H Rettich | Saat | E | | | | | | | | | | | | | | | | | | | | | | | | | | 15 x 20 |
| H-W Rettich | Saat | | | | | E | E | E | E | E | E | E | E | E | | | | | | | | | | | | | | 15 x 20 |
| Stangenbohne | Saat | | | | | | | | | | | | | | | | | | | | | | | | | | | 80 x 60 |
| Zuckererbsen | Saat | | | | | | | | | | | | | | | | | | | | | | | | | | | 40 x 10 |
| Winterendivie | Saat | | | E | E | E | E | E | E | E | E | E | E | E | | | | | | | | | | | | | | 35 x 30 |
| Knoblauch | Zwiebel | | | | P | P | | | | | | | | | | | | | | | | | | | | | | 30 x 10 |
| Schnittlauch | Saat | E | E | E | E | E | E | E | E | E | E | E | E | E | | | | | | | | | | | | | | 25 |
| Rhabarber | Pflanze | | | | | | P | P | | | | | | | | | | | | | | | | | | | | 100x100 |
| Kartoffel | Knolle | E | E | | | | | | | | | | | | | | | | | | | | | | | | | 60 x 70 |
| Schnittsalat | Saat | | S | S | E | E | E | | | E | E | E | | | | | | | | | | | | | | | | 10 |

Pflanzung  Saat  Ernten

(P = Pflanzung, S = Saat, E = Ernten)

# Mischkulturen für günstige Wirkungen auf das Gemüse

Setzen Sie zu den Karotten und Erdbeeren, Zwiebel und Knoblauch, denn diese vertreiben die Möhrenfliege und schützen vor Pilzkrankheiten und Spinnmilben.

Basilikum als Beipflanzung von Tomaten, Gurken und Kohl vertreibt Mehltau und weiße Fliegen.

Borretsch zieht Insekten an, und eignet sich deshalb als Beipflanzung für insektenbestaubte Pflanzen wie Gurke oder Zucchini.

Dill fördert die Keimfähigkeit bei Karotten, Roter Rübe, Kohl und Salat. Weiters halten die enthaltenen Duftstoffe der Dille Schädlinge ab.

Unter Jungbäumen eignet sich Kapuzinerkresse. Sie fördert die allgemeine Gesundheit des Jungbaums und wirkt gegen Läuse.

Als Beipflanze zum Salat ist auch Kerbel empfehlenswert. Er wirkt ebenfalls gegen Läuse.

Knoblauch hat eine bakterizide und fungizide Wirkung für Erdbeeren und Rosen.

Zu Erdäpfel und Kohl pflanzen Sie am besten Ringelblumen. Sie vertreiben Nematoden und Drahtwürmer, erhöhen dazu den Ernteertrag und fördern die Bodengesundheit.

Tagetes eignen sich als Beipflanzung zu Paradeiser, Kohl, Erdbeeren und Erdäpfel. Sie wirken gegen Nematoden, Viren und weiße Fliegen.

Salat und Radieschen wirken sich günstig miteinander aus, da sie Erdflöhe von Nachbarpflanzen abhalten.

Spinat fördert durch Wurzelausscheidung das Wachstum von Erdbeeren, Erdäpfel, Kohl, Radieschen und Paradeisern.

Kohlgewächse und Sellerie helfen sich gegenseitig gegen Kohlweißlingsbefall und Sellerierost.

# ERKLÄRUNGEN

## Garten

Für eine einfache Handhabung und besseren Überblick haben wir dieses Buch in **Frühling, Sommer, Herbst** und **Winter** unterteilt und diese auch farblich dargestellt. Sie finden für jede Jahreszeit praktische Gärtner-Tipps & Tricks, einen Anpflanz- und Ernteplan und Wissenswertes über Ihren Gemüse- und Obstgarten.

Um einen „grünen Daumen" zu bekommen empfehlen wir Ihnen viele Dinge einfach auszuprobieren. Bedenken Sie jedoch, dass Pflanzen Lebewesen sind und es so wie für alle Lebewesen keine 100%ige Gebrauchsanweisung gibt. Lernen Sie auf Ihre Pflanzen zu hören, Sie werden sehen, dann stellt sich der Erfolg von alleine ein.

Bei Unklarheiten und Fragen wenden Sie sich an unser kompetentes Gärtnerteam im Kittenberger Erlebnisgartencenter und lesen Sie die wöchentlichen Gärtnertipps auf:

**www.kittenberger.at**

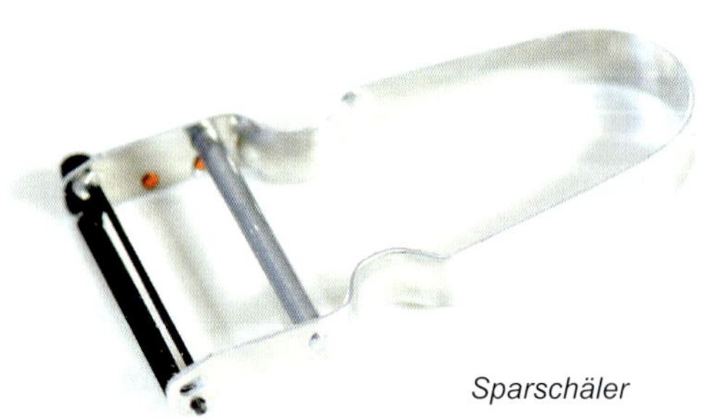

*Sparschäler*

## Küche

Auch die Speisen, die Sie mit dem Selbstgezogenen aus Ihrem Garten zubereiten können, haben wir den Jahreszeiten zugeordnet.

Weiters haben wir für Sie die Speisen nach Ihrer Einfachheit beim Kochen beurteilt (siehe unten).

Lassen Sie sich beim Kochen aber nicht entmutigen, wenn nicht alles sofort gelingt, es ist noch kein Meister vom Himmel gefallen. Wichtig ist, kochen Sie mit Liebe und Leidenschaft, seien Sie experimentierfreudig und vor allem versuchen Sie Spaß daran zu haben.

TIPP

**Der Sparschäler**

Ein kleiner praktischer und unentbehrlicher Helfer in der Küche. Feinste Streifen können mühelos geschält werden. Dieser sollte in keiner Küche fehlen!

**Schwierigkeitsauszeichnung der Kochrezepte, ausgehend von keinen Kochkenntnissen:**

- (1 Lorbeerkranz) sehr einfach
- (2 Lorbeerkränze) einfach
- (3 Lorbeerkränze) anspruchsvoll
- (4 Lorbeerkränze) sehr anspruchsvoll
- (5 Lorbeerkränze) besonders anspruchsvoll

1 Lorbeerkranz steht für sehr einfache und 5 für besonders anspruchsvolle Speisen.

## Frühling

März – April – Mai

## Sommer

Juni – Juli – August

## Herbst

September – Oktober – November

## Winter

Dezember – Jänner – Februar

# FRÜHLING

März – April – Mai

GÄRTNERREGEL:
STEIGT DER SAFT IN DIE BÄUME,
ERWACHEN DIE FRÜHLINGSTRÄUME.

# Das Wichtigste für Ihren Naschgarten von März bis Mai

## MÄRZ

**Gärtnerregel:**
**Gibt's im März zu vielen Regen, bringt die Ernte wenig Segen.**

### Gemüsegarten

Pflanzen, die im Glashaus oder auf der Fensterbank angesät worden sind, können nun im Frühbeet (mit Glasabdeckung als Frostschutz) pikiert werden. Das heißt Paradeiser-, Paprika- und Melanzanisämlinge werden verpflanzt und bekommen einen eigenen Topf damit sie mehr Platz zum Wachsen haben.

Den Gartenboden gut auflockern, damit sich der Boden erwärmen kann und mit der Aussaat von nicht kälteempfindlichen Gemüsesorten beginnen. Geeignete Gemüsesorten für das Freiland sind Kopfsalat, Kohlrabi, Radieschen, Karotten, Gartenkresse, Steckzwiebeln, Spinat und Knoblauch. Radieschen und Karotten können Sie ins Frühbeet oder Ende März, wenn es das Wetter zulässt bereits direkt ins Freiland säen. Auch Erdbeeren können im Verlauf des Monats ins Freiland gesät werden.

TIPP Stecken Sie ein paar Knoblauchzehen zwischen die Erdbeeren oder außen am Beet, es hilft gegen Grauschimmel und sorgt für aromatisierte Pflanzen. Wenn Sie Radieschen mit Spinat und Salat kombinieren schreckt das Erdflöhe ab, welche vor allem bei großer Hitze und Trockenheit in hoher Anzahl auftreten können. Dillsamen zwischen Karotten und Salat gestreut fördert die Keimfähigkeit der Samen.

**Der Anpflanz- und Ernteplan:** Für das Frühbeet eignen sich Kopfsalat, Karotten und Brokkoli. In die normalen Beete säen Sie Gartenkresse, Karotten, Petersilie und ab Ende des Monats Dille. Als Setzling können Sie Spinat pflanzen.

### Obstgarten

Der März ist der ideale Monat um Obstbäume zu veredeln und Obstsorten wie Marille, Pfirsich, Quitte neu zu pflanzen. Falls Sie neue Bäume setzen achten Sie auf ein gutes Wurzelsystem, das heißt am besten Pflanzen im Container mit gut durchwurzelten Ballen kaufen. Achtung, vergessen Sie nie auf den Erziehungsschnitt. Das ist der wichtigste Schnitt an einem Baum, um einen regelmäßigen Wuchs zu gewährleisten. Schneiden Sie dabei die langen Triebe um mindestens die Hälfte bis 2/3 zurück. Achten Sie beim Schnitt immer auf ein außen liegendes Auge damit die Triebe nicht in die Krone wachsen.

Johannisbeeren und Stachelbeeren können durch Steckhölzer vermehrt werden. Das funktioniert ganz einfach. Zwicken Sie einen verholzten Trieb ab und stecken Sie einige Triebe 5–10 Zentimeter tief in die Erde. Gießen Sie die Triebe an und decken Sie Ihre

Steckhölzer anfangs mit einer Glasvase zu damit die Luftfeuchtigkeit hoch ist und die Wurzeln schneller treiben können. Aus diesen Steckhölzern sollten sich schon bald eigenständige Pflanzen entwickeln.

Zur Düngung Ihrer Obstgehölze, Beerensträucher und Erdbeeren ist eine Gabe Kompost um die Wurzel jetzt am besten. Gießen Sie nicht nur Ihre Jungpflanzen kräftig, auch ältere Bäume können durch gute Bewässerung die Nährstoffe besser zu den Pflanzwurzeln transportieren und leichter aufnehmen.

## APRIL

### *Gärtnerregel: Siehst du Anfang April Schmetterlinge tanzen, magst du getrost im Garten pflanzen.*

### *Gemüsegarten*

Jetzt geht's richtig los. Im Frühbeet sämtliche Kulturen, wie Radieschen, Rettich oder Salat fortlaufend säen. Im Freiland sind nun die meisten Gemüsesorten zur Direktsaat geeignet, mit Ausnahme der sehr Kälteempfindlichen, wie Gurke, Zucchini, Paradeiser, Kürbis, Paprika und Bohnen. Diese können Sie aber in Töpfen unter Glas oder auf der Fensterbank vorziehen und bei geeigneten Temperaturen ins Freiland setzen. Nun ist auch die richtige Zeit um die wichtigen Küchenkräuter, wie Petersilie, Kerbel, Kresse, Borretsch zu säen. Ausnahme: Basilikum, Bohnenkraut und Majoran.
Rhabarber ist einer der ersten Gemüsesorten, die Sie ernten können. Die Erntezeit erstreckt sich von April bis Juni wobei eine frühere Ernte wegen des noch geringeren Oxalsäuregehalts empfohlen wird. Um ihn richtig zu ernten drehen Sie ihn aus dem Wurzelstock.

**Der Anpflanz- und Ernteplan:** Für das Frühbeet eignet sich Karfiol. In die anderen Beete können Sie wieder Karotten und Radieschen säen. Hinzu kommen Rucola, Porree, Zwiebel und Kopfsalat, sowie Pastinaken, Schnittlauch, Fenchel und Spinat.

### *Obstgarten*

Die Obstbäume sind in der Phase des Blütenansatzes und der Fruchtbildung sehr anfällig auf Schädlinge und Krankheiten. Kontrollieren Sie Ihre Gehölze nun auf die geringsten Anzeichen um rechtzeitig Gegenmaßnahmen vorzunehmen.

**GÄRTNER-TIPP**

VERSUCHEN SIE DIE ÄSTE IHRER FRISCH GEPFLANZTEN OBSTBÄUME MIT HILFE VON GEWICHTEN WAAGRECHT ZU STELLEN, UM DIE BILDUNG DER BLÜTENKNOSPEN ZU FÖRDERN UND REICH ERNTEN ZU KÖNNEN!

## *MAI*

### *Gärtnerregel: Genug Regen im Mai gibt dem ganzen Jahr Brot und Heu.*

### *Gemüsegarten*

Ab jetzt kann fast gar nichts mehr passieren. Es können auch die Wärme liebenden Pflanzen ab 15. Mai, nach den Eisheiligen, ins Beet. Paradeiser, Gurken, Zucchini, Paprika, Kürbis, Melanzani, Stangen- und Buschbohnen zählen zu den Wärme liebenden und können entweder schon vorgezogen oder gekauft als Pflänzchen gesetzt werden. Auch die frostempfindlichen Kräuter wie Basilikum, Bohnenkraut und Majoran sind jetzt bereit im Freiland gesetzt zu werden.

TIPP Um lästigen Nematoden, die gerne Karotten befallen entgegenzuwirken, pflanzen Sie doch Tagetes in Ihren Gemüsegarten. Tagetes sind nicht nur im Garten sehr dekorativ, sondern auch im Salat oder am Tellerrand.

Anfallender Rasenschnitt eignet sich gut zum Mulchen für Ihren Gemüsegarten. Mit Ausnahme von Zwiebeln, können Sie eine dünne Schicht Rasenschnitt auf dem Boden unter Ihrem Gemüse verteilen.

**Der Anpflanz- und Ernteplan:** Aus dem Frühbeet können Sie bereits den ersten Kopfsalat, den Sie weiter nachsetzen sollten, um durchgehend mit Salat versorgt zu sein, und Brokkoli ernten. Aus den anderen Beeten, sind Radieschen, Rucola, Petersilie, Spinat, Dille und Schnittlauch erntereif. Es ist nun an der Zeit, Kürbis und Brokkoli zu setzen und Topinambur zu säen. Nach den Eisheiligen (15. Mai) können Melanzani, Paprika und Paradeiser ohne Bedenken gesetzt werden.

### *Obstgarten*

Sollten Sie an Ihren Obstbäumen Schädlinge entdecken, ist jetzt der ideale Zeitpunkt um sie zu bekämpfen, z. B. biologisch mit Brennnesseljauche (siehe Seite 65).

Gegen Läuse können Sie die „Lausfängerpflanze" Kapuzinerkresse direkt unter den Bäumen in die Baumscheibe aussäen. Spalierobstbäume sollten jetzt richtig „erzogen" werden, denn im Frühling sind die Seitentriebe sehr biegsam und weich und man kann sie leicht waagrecht am Spalier festbinden.

## Der Frühlingsgarten auf dem Esstisch!

Die Frühlingszeit ist für viele Menschen die schönste Zeit im Jahr. Langsam schwindet das bedrückende Grau der Wintermonate und Sonnenstrahlen erwärmen unser Herz und den Gartenboden.
In die kahlen Bäume kehrt farbenfrohes Leben zurück, aus der braunen Erde sprießen Frühlingsblumen und frische Kräuter. Sträucher setzen ihre Blüten an und die Vögel, die wir den ganzen Winter gefüttert haben, geben ihre schönsten Konzerte.

# Vom Garten in die Küche

# Grundrezepte deren Verwendung unentbehrlich in der Küche sind

Zubereitung von verschiedensten Blütenpasten wie Ringelblumenblüten-, Löwenzahnblüten-, Sonnenblumenblütenpaste u. v. m.

## Blütenpasten

Zutaten: **2 Teile Blütenblätter**
**1 Teil Traubenkernöl (auch Rapsöl möglich)**

**Zubereitung:** Die gezupften, gesäuberten Blätter mit dem Traubenkernöl im Standmixer fein zu einer Paste mixen und in verschließbare Behälter füllen.
Im Kühlschrank mehrere Tage haltbar.
Im gefrorenen Zustand über 1 Jahr haltbar!

## Kräuteröl

Zutaten: **1 Bund Kräuter z. B.: Basilikum, Petersilie, Kerbel, 125 ml Olivenöl Extra Virgine**

**Zubereitung:** Den Bund Kräuter kurz in kochendes Wasser tauchen, mit Eiswasser abschrecken und gut abtropfen lassen. Im Standmixer mit Olivenöl feinst mixen. Im REX-Glas mindestens eine Woche haltbar.

## Apfel-Balsamicoreduktion

Ergibt ca. 100 ml
Zutaten: **500 ml Aceto Balsamico, 80 g Zucker, 200 ml Apfelsaft**

**Zubereitung:** Alles in einem Topf auf ca. 100 ml einkochen lassen, öfters umrühren.

## Gewürzmischung für Salz

Zutaten: **12 g Korianderkörner, 5 g Majoran, 2 g Kardamon, 3 g Muskatnuss, 12 g Basilikum, 2 g Nelken, 10 g weißer Pfeffer, 12 g Thymian, 10 g Cayennepfeffer, 10 g Lorbeerblatt, 10 g Ingwer**

**Zubereitung:** Alles in einer Mühle fein mahlen und nach Belieben pur oder mit Meersalz vermischt verwenden.

## Gemüsefond

Ergibt ca. 3 Liter
Zutaten: **4 Karotten, ½ Sellerie, 1 Kohlrabi, 1 Lauchstange, 2 Paradeiser, 2 Zweige Staudensellerie, 2 Zwiebeln, 6 Knoblauchzehen, 3 Lorbeerblätter, 10 Pfefferkörner, 1 kleiner Zweig Rosmarin, 4 Liter kaltes Wasser, 1 EL Meersalz**

**Zubereitung:** Das Gemüse putzen und waschen. 4 Liter kaltes Wasser in einen großen, breiten Topf füllen und das Gemüse mit den Gewürzen langsam aufkochen lassen. Regelmäßig den obenauf schwimmenden Schaum des Fonds abschöpfen damit er klar bleibt. Mindestens 90 Minuten köcheln lassen.
Anschließend vorsichtig durch ein Passiertuch (Etamin) seihen.

## *Bekannte Küchenkräuter die in keiner Küche fehlen sollten*

**Basilikum, Beifuß, Bohnenkraut, Brunnenkresse, Dill, Liebstöckel, Majoran, Melisse, Petersilie, Pfefferminze, Rosmarin, Salbei, Schnittlauch, Thymian, Waldmeister**

### *Verwendung*

Küchenkräuter sollten mit Überlegung angewendet werden. Denn nicht jedes Kraut passt zu jedem Gericht. Es ist die Kunst des Kochs das richtige Kraut in der richtigen Dosierung zu verwenden. Die meisten Kräuter dürfen nur in wohl dosierten Mengen verwendet werden, um nicht das Gegenteil einer Geschmacksverbesserung zu erreichen.

Der Erntezeitpunkt von Kräutern ist kurz vor der Blütezeit erreicht. Dann besitzen sie den höchsten Gehalt an Aromastoffen. Idealerweise sollten Kräuter kurz vor der Zubereitung geerntet werden. Denn jede Art der Konservierung vermindert mehr oder weniger die Würzkraft der Kräuter. Zudem verändert sich je nach Konservierungsart der Geschmack und damit das Würzverhalten.

Kräuter werden im Allgemeinen frisch, getrocknet oder tiefgefroren in der Küche verwendet.

### *Aufbewahrung von Kräutern*

Zum Würzen von Speisen und Salaten lassen sich die Küchenkräuter gartenfrisch verarbeiten oder für den Wintervorrat trocknen. Einige Kräuter verlieren einen Großteil ihres Aromas, wenn sie getrocknet werden.
In der Regel sind Gartenkräuter gleich frisch zu verarbeiten. Es gibt jedoch auch Methoden mit denen sie sich für kurze Zeit aufbewahren lassen:

- Kräuterstiele in ein Wasserglas stellen oder den ganzen Bund in ein feuchtes Papier rollen und im Kühlschrank aufheben.

- Viele Kräuter lassen sich gut einfrieren. Entweder hacken oder abgezupfte Blätter auf einem Blech auseinander gestreut kurze Zeit ins Gefrierfach geben. Anschließend in kleine Gefrierbeutel packen und zurück ins Gefrierfach legen.

# Marinaden mit Kräuter

## Beiriedschnitte aus der Kräutermarinade

Zutaten: **Beiriedschnitte vom Rind je 200 g, 2 Zweige Thymian, 2 Zweige Estragon, 2 Zweige Bohnenkraut, Olivenöl, 2 EL gehackte Petersilie, 1 TL feingehackter Knoblauch, 2 EL mittelscharfer Senf**

## Grüne Marinade

Zutaten: **2 EL Senf, 1 Schalotte, ¼ TL Pfeffer, ½ TL Curry, Lauchzwiebelringe, Kräuter (Petersilie & Schnittlauch), 2 EL Weinbrand, 150 ml Öl**

## Geschmorte Spanferkel-Keule

(für 4 Personen)

Zutaten: **2 kg mit Schwarte im Ganzen, 4 Tomaten, 1 Stange Porree, 5 Zwiebeln, Zitronenthymian, Chili, Zitrone, Lorbeer und Piment, Knoblauch, Salz, Pfeffer**

**Zubereitung:** Das Ganze über Nacht stehen lassen.

## Lachs mit Koriander, Ingwer & Sojasoße mariniert

Zutaten: **Lachs pro Person 200 g, ½ Bund geschnittenen Koriander, 1 kleine Knolle geriebenen Ingwer, Zitronenscheiben, Sojasoße, Öl zum Bedecken**

## Fischfilet aus der Folie

Zutaten: **½ Bund Dill & Borretschblätter geschnitten, Saft einer halben Zitrone, Salz und Pfeffer, abgezogene Tomaten hinzugeben, Öl**

## Saltimbocca mit Fisch

Zutaten: **1 kg Fischfilet, Salz & Pfeffer, 2 Bund Salbei, 200 g luftgetrockneter Schinken, 1/4 Flasche trockener Weißwein (Riesling), Butter oder Öl**

# *Kleines Kochlexikon*

**Ablöschen:** Lösen von Röststoffen die durch braten von Fleisch usw. entstanden sind, durch Zugabe von Flüssigkeit (Wein, Fond, usw.)
**Anschwitzen:** Kurzes braten in heißem Fett unter ständigem Rühren, ohne dass das Gebratene Farbe bekommt
**Bratenthermometer:** Anzeige der Kerntemperatur von Fleisch usw.
**Blanchieren:** Kurz in Wasser überkochen und in Eiswasser schnell abkühlen
**Beiried:** Entrecote, Roastbeefstück
**Dariolformen:** Auflaufformen (im Fachhandel erhältlich)
**Dampfl:** Hefe(Germ)-Vorteig
**Dirnd´ln:** Kornelkirsche, Dirlitze
**Etamin:** Passiertuch (im Fachhandel erhältlich)
**Eierschwammerl:** Pfifferlinge
**Erdäpfel:** Kartoffeln
**Erdäpfel, heurige:** Frühkartoffeln, neue Kartoffeln
**Faschieren:** Durch den Fleischwolf drehen
**Fichtenwipferl:** Junge, frische Austriebe der Fichte
**Fisolen:** Grüne Bohnen
**Gasflämmer:** Eine mit Gas betriebene Lötlampe
**Germ:** Hefe
**Gratinieren:** Bei starker Oberhitze im Backrohr kurz überbacken
**Karamellisieren:** Zucker flüssig machen bis er eine goldbraune Farbe bekommt (Vorsicht sehr heiß)
**Kohlsprossen:** Rosenkohl
**Küchentuch:** Feine, reißfeste Baumwolltücher zum Abtropfen usw.
**Kren:** Meerrettich
**Kristallzucker:** Haushaltszucker
**Marillen:** Aprikosen
**Nappieren:** Überdecken, bzw. überziehen mit einer Sauce
**Panier:** Panade
**Paradeiser:** Tomaten
**Pochieren:** Langsames ziehen lassen in heißer, nicht kochender Flüssigkeit
**Pfefferoni:** Peperoni
**Pignoli:** Pinienkerne
**Reduzieren:** Die Flüssigkeit verringern, einkochen lassen
**Rindslungenbraten:** Rindsfilet
**Rollgerste:** Perlgraupen, Kochgerste
**Rote Rübe:** Rote Beete
**Schlagobers:** Schlagsahne
**Soufflé:** Pikanter oder süßer, luftiger Auflauf
**Staubzucker:** Puderzucker
**Topfen:** Quark
**Zeste:** Meist Schale von Zitrusfrüchten in feinste Streifen geschnitten

TIPP

**Besuchen Sie uns in den Kittenberger Erlebnisgärten. Hier erhalten Sie im Gartenbistro täglich Tipps und Tricks.**

Was im Frühling alles wächst verwandelt Georg Luger zu feinen Köstlichkeiten. Probieren Sie es, es ist leichter als Sie denken und schmeckt unvergleichlich.

*Bild: Georg Luger beim „Flämmen“.*

# Herzhafte Frühlingsgerichte

- *Wurzelgemüsesalat roh mariniert mit Wildkräutern und Sprossen*
- *Kräuterschaumsuppe mit pochiertem Ei*
- *Ziegenkäse kurz gebraten mit Minzesalat und milden Peperoni*
- *Gurken-Buttermilchsuppe mit Schnittlauch*
- *Frühlingsmorchelgnocchi mit Kerbel*
- *Spinatsalat mit geflämmtem Schafskäse*
- *Rosa Kalbstafelspitz mit Bärlauchrisotto*
- *Holunderküchlein mit Erdbeer-Minzesalat*
- *Veilchenessig*
- *Löwenzahnhonig*
- *Fichtenwipferlhonig*
- *Löwenzahnblütensaft*
- *Kräuterbutter*
- *Paprika-Fisolensalat mit Champignon und Buttermilch*

# *Wurzelgemüse roh mariniert mit Wildkräutern und Sprossen*

sehr einfach

**Die Zubereitung:**
Die Karotte, gelbe Rübe, den Sellerie waschen und schälen. Mit dem Sparschäler das Gemüse in feine Streifen schälen. Das restliche der Karotte usw. mit den Jungzwiebeln in kleine Würfel schneiden. Dieses mit den Wurzelgemüsestreifen in eine Schüssel geben und mit Salz, weißem Pfeffer, Staubzucker, Saft einer Zitrone, weißem Balsamico und Olivenöl marinieren.
Wildkräuter waschen, abtropfen, klein zupfen oder grob hacken.

Auf gekühlten Tellern das marinierte Wurzelgemüse mit den Wildkräutern anrichten. Mit kaltgepresstem Olivenöl und den Sprossen vollenden.

Zutaten für 4 Personen:
**1 große Karotte**
**1 gelbe Rübe, ½ Sellerie**
**4 Jungzwieberl**
**2 Hände voll Wildkräuter (Gundelrebe, Löwenzahn, Kerbel, Gänseblümchen, Bärlauch, Brunnenkresse, Schafgarbe, ...)**
**Saft einer Zitrone**
**9 EL Olivenöl**
**Salz, weißer Pfeffer**
**1 Prise Staubzucker**
**3 EL weißer Balsamicoessig**
**1 Hand voll Sprossen (Alfa-Alfa, Radis, Mungo, ...)**
**einige Tropfen kaltgepresstes Olivenöl zum Vollenden**

**Material:**
Sparschäler

Weinempfehlung:
**Grüner Veltliner**
**Fescher Kampl**
Cobaneshof Schneider

einfach

# *Kräuterschaumsuppe mit pochiertem Ei*

Zutaten für 4 Personen:
**4 mittelgroße Zwiebeln grob gewürfelt**
**2 Knoblauchzehen**
**1 l Gemüsefond (siehe Seite 32)**
**250 ml Rama Cremefine zum Kochen**
**Prise Meersalz, Cayennepfeffer**
**2 Bd. Kerbel**
**kleiner Bd. Petersilie**
**2 Bd. Schnittlauch**
**etwas Rosmarin**
**kleiner Bd. Thymian**
**3 Zweige Liebstöckel**
**2 Tassen Gartenkresse**
**20 Blätter Bärlauch**
**4 Eier**
**ca. 2 EL Olivenöl**

**Material:**
Küchengarn
Frischhaltefolie
Standmixer
Kaffeetassen

Weinempfehlung:
**Grüner Veltliner**
**Spiegelberg Kamptal DAC**
Weingut Reithmaier

**Die Zubereitung:**
Die Zwiebel und Knoblauchzehen mit Olivenöl anschwitzen. Danach mit Gemüsefond und mit „Rama Cremefine zum Kochen" aufgießen. Etwas einkochen lassen und im Standmixer auf höchster Stufe so fein wie möglich mixen.
Die Kräuter in kochendem Wasser kurz blanchieren und gleich ins Eiswasser geben. So behalten die Kräuter ihre schöne Farbe und natürlich auch ihr einzigartiges Aroma. Danach die Kräuter auf einem Küchentuch kurz abtropfen lassen. Im Standmixer zu einer feinen Paste mixen und vor dem Anrichten in die Suppe rühren. Mit einer Prise Meersalz und etwas Cayennepfeffer abschmecken.

Für die pochierten Eier die Kaffeetassen großzügig mit Frischhaltefolie auslegen, mit Olivenöl auspinseln und jeweils vorsichtig ein Ei in die Tasse schlagen. Danach die Folie an den oberen Enden zusammendrehen und mit Küchengarn festbinden. Nun das Ei in leicht kochendem Wasser 5 Minuten pochieren. Auf einen Teller legen und mit einer Schere das obere Ende des Ei-Sackerls wegschneiden und die Folie entfernen. In die mit einem Stabmixer aufgeschäumte Kräutersuppe legen und schnell servieren.

### GÄRTNER TIPP

FRISCHE KRÄUTER SOLLTEN TÄGLICH AUF IHREM SPEISEPLAN STEHEN, DA SIE REICH AN VITAMINEN, MINERALSTOFFEN UND SEKUNDÄREN PFLANZENSTOFFEN SIND. SIE STÄRKEN DAS IMMUNSYSTEM UND MACHEN FREIE RADIKALE UNSCHÄDLICH. KRÄUTER KÖNNEN ENTWEDER IM GARTEN ODER AUCH IN TÖPFEN GEZOGEN WERDEN, DER STANDORT MUSS ALLERDINGS WARM UND SONNIG SEIN, DAMIT IHRE KRÄUTER AUCH GUT GEDEIHEN. KRÄUTER EIGNEN SICH SEHR GUT ZUM EINFRIEREN, SO DASS SIE AUCH IM WINTER GENUG VORRAT HABEN.

Anleitung "Pochiertes Ei"

# *Ziegenkäse kurz gebraten mit Minzesalat und milden Peperoni*

einfach

**Die Zubereitung:**

Die Eier mit Rosmarin, einer Prise Salz und Cayennepfeffer in einer flachen Schüssel versprudeln. Mehl in einen Suppenteller geben.

Die Jungzwiebel und Peperoni waschen, die Zwiebel in feine Ringe schneiden und die Peperoni längs halbieren. Die Minzeblätter mit den Jungzwiebelringen vermischen. Den Knoblauch schälen und dazupressen.

In einer Pfanne etwas Olivenöl erhitzen, die Peperoni von beiden Seiten circa 3 Minuten braten und herausnehmen.

Die Ziegenkäsescheiben erst in Mehl, dann in Ei und noch mal in Mehl wenden. In der Pfanne von den Peperoni etwas Öl wieder erhitzen und von beiden Seiten etwa 4 Minuten braten.

Den Essig mit 1 Esslöffel Öl, einer Prise Salz und Pfeffer verrühren. Den Minzesalat damit beträufeln und mit Ziegenkäse, Oliven und Peperoni auf leicht vorgewärmten Tellern anrichten.

Zutaten für 4 Personen:

**2 Eier**
**2 EL Rosmarin gehackt**
**Cayennepfeffer, Salz**
**5 EL Mehl**
**500 g milde Peperoni**
**3 Jungzwiebel**
**1 Hand voll Pfefferminze**
**1 Knoblauchzehe**
**5 EL Olivenöl**
**4 Scheiben Ziegenkäse à 50g**
**10 schwarze Oliven (ohne Kern)**

**2 EL Weißweinessig**
**1 EL Olivenöl**
**Salz, Pfeffer**

Weinempfehlung:
**Grüner Veltliner**
**Heiligenstein Terrassen**
Weingut Peter Schweiger

sehr einfach

Zutaten für 4 Personen:
**1 Salatgurke**
**250 g Buttermilch**
**1 TL Kren (Wasabi)**
**1 TL Majoran**
**1 Spritzer weißer Balsamico-essig**
**Salz, weißer Pfeffer**
**1 kleiner Bd. Schnittlauch**

**Material:**
Standmixer
Sieb

Weinempfehlung:
**Rosé**
Weingut Oliver Völkl

# *Gurken-Buttermilchsuppe mit Schnittlauch*

**Die Zubereitung:**

Die Gurken schälen, der Länge nach halbieren und die Kerne mit einem Löffel entfernen. In kleine Stücke schneiden mit der Buttermilch, 250 ml Wasser, geriebenem Kren, Essig und dem Majoran in einem Standmixer fein mixen.

Die Suppe durch ein Sieb streichen, mit Salz und weißem Pfeffer abschmecken.

Die Suppe in gekühlte Tumbler anrichten und mit fein geschnittenem Schnittlauch bestreuen.

**GÄRTNER TIPP**

GEHEN SIE DOCH AUF DIE SUCHE NACH FRISCHEN MORCHELN! MAN FINDET SIE VOR ALLEM AUF KALKHALTIGEN UND FEUCHTEN BÖDEN VON MISCH- UND AUENWÄLDERN, IN PARKANLAGEN, GEBÜSCHEN, SOWIE AN KRAUT- UND GRASREICHEN WALDRÄNDERN. MORCHELN HABEN EINEN HERVORRAGENDEN GESCHMACK UND LASSEN SICH AUCH GUT TROCKNEN.

# *Frühlingsmorchelgnocchi mit Kerbel*

einfach

**Die Zubereitung:**

Einen Teig aus kalten, gepressten Erdäpfel, Dotter, Butter, Weizengrieß und Mehl fertigen. Aus dem Teig die gewünschte Größe und Form der Gnocchi formen. In kochendem Salzwasser kurz aufkochen lassen, dann noch 2 Minuten ziehen lassen.
Je nach Größe 3–5 Minuten in kaltem Wasser abschrecken.
In einer Pfanne die Butter solange erhitzen bis sie zu schäumen beginnt, dann erst die frischen Frühlingsmorcheln langsam bei mittlerer Hitze circa 3 Minuten braten. Getrocknete Morcheln vorher in kaltem Wasser einweichen und abtropfen lassen.
Zum Schluss mit Salz, Pfeffer und Sojasauce nach Belieben würzen, mit gehacktem Kerbel bestreuen.

Die Gnocchi halten sich vorgekocht mehrere Tage im Kühlschrank.

Zutaten für 4 Personen:
**500 g kalte, gepresste Erdäpfel**
**3 Eidotter**
**1 EL Butter**
**175 g glattes Mehl**
**Weizengrieß zum Ausarbeiten**
**250 g frische oder 50 g getrocknete Frühlingsmorcheln (Speisemorcheln)**
**Salz, Pfeffer**
**einige Tropfen Sojasauce zum Abschmecken**
**1 Bd. Kerbel**

**Material:**
Erdäpfelpresse

Weinempfehlung:
**Grüner Veltliner Alte Reben**
Weingut Bründlmayer

einfach

# *Spinatsalat mit geflämmtem Schafskäse*

Zutaten für 4 Personen:
**600 g junger, frischer Spinat**
**200 g Schafskäse**
**50 g Bauchspeck**
**2 EL kaltgepresstes Olivenöl**
**2 EL Weißweinessig**
**1 TL Senf**
**Salz, weißer Pfeffer**

**Material:**
Gasflämmer

**Die Zubereitung:**
Den Spinat in kaltem Wasser einweichen und kurz ruhen lassen. Aus Öl, Essig, Senf, Salz und Pfeffer eine Marinade anrühren. Spinat abtropfen lassen, in mundgerechte Stücke zupfen und in eine Schüssel geben.
Speck in kleine Würfel schneiden und in einer Pfanne ohne Fett kross braten. Den Schafskäse mit dem Gasflämmer oder im (Miele) Backrohr bei starker Oberhitze flämmen bzw. gratinieren. Die Marinade über den Spinat gießen und mit den lauwarmen Speckwürfeln auf den Tellern anrichten. Den lauwarmen Schafskäse neben dem Spinatsalat platzieren und servieren.

Weinempfehlung:
**Zweigelt Rote Lady**
Weingut Summerer

**GÄRTNER TIPP**

GRÜNDLICHES WASCHEN ODER BLANCHIEREN KANN DEN NITRATGEHALT REDUZIEREN, DA NITRAT WASSERLÖSLICH IST.

# *Rosa Kalbstafelspitz mit Bärlauchrisotto*

sehr anspruchsvoll

Zutaten für 4 Personen:
**700 g Kalbstafelspitz (Milchkalb)**
**Prise Meersalz,**
**10 schwarze Pfefferkörner**
**1 TL scharfer Senf**
**2 EL Sonnenblumenöl**
**4 Schalotten**
**200 g Risotto-Reis (am Besten Arborio)**
**250 ml Weißwein**
**100 g Asmonte (Parmesan)**
**750 ml Gemüsefond (siehe Seite 32)**
**½ EL kalte Butter**
**12 junge Bärlauchblätter**
**3 EL Olivenöl**
**Frühlingskräuter nach Belieben zum Garnieren**
**einige Tropfen Apfel-Balsamico-Reduktion (siehe Seite 32)**

**Material:**
Mörser

Weinempfehlung:
**Weißburgunder Neuberg-Kittmannsberg**
Weingut Schuberth

**Die Zubereitung:**
Kalbstafelspitz in kaltem Wasser kurz abwaschen, trocken tupfen und mit Meersalz, im Mörser gestoßenem Pfeffer und scharfem Senf gut einreiben.
In einer breiten Pfanne Sonnenblumenöl erhitzen und den Tafelspitz von beiden Seiten gut anbraten. Das (Miele) Backrohr bei Ober-Unterhitze auf 80 °C vorheizen und das Fleisch am Rost 1 Stunde garen lassen. Das Backrohr ausschalten und das Fleisch noch 30 Minuten ziehen lassen.

Schalotten schälen und in kleine Würfel schneiden. In Olivenöl andünsten, den Reis dazugeben, kurz weiterdünsten und mit Weißwein ablöschen. Mit etwas Gemüsefond aufgießen, so dass der Reis leicht bedeckt ist. Das Risotto unter ständigem Rühren 15–20 Minuten garen, immer wieder etwas Fond zugießen. Zum Ende der Garzeit wird das Risotto mit Parmesan und kalter Butter verrührt. Es sollte jetzt eine cremige, leicht gebundene Konsistenz haben.
Die Bärlauchblätter waschen, trocken tupfen und fein gehackt oder geschnitten in das Risotto rühren.

Den Kalbstafelspitz aus dem Rohr nehmen und quer zur Fleischfaser aufschneiden. Die Frühlingskräuter, wenn nötig waschen und etwas grob zerteilen.
Das Risotto mit dem Kalbstafelspitz und den Kräutern auf vorgewärmten Tellern anrichten. Mit der Apfel-Balsamico Reduktion vollenden.

sehr anspruchsvoll

Zutaten für 4 Personen:
**je 220 g griffiges und glattes Mehl**
**1 Würfel frische Germ oder**
**1 Pkg Trockengerm**
**110 g Butter, 110 g Zucker**
**125 ml Weißwein**
**125 ml Traubensaft**
**6 mittelgroße Dolden Holunderblüten**
**125 ml Rama Cremefine zum Kochen**
**2 Eidotter, Salz**
**1 EL Sonnenblumenöl zum Einfetten**

Erdbeer-Minzesalat:
**500 g Erdbeeren**
**1 Hand voll Minze, 1 EL Staubzucker, 2 EL Orangenlikör (Grand Marnier oder Cointreau)**

**Material:**
Auflaufformen
(am besten Dariolformen)

Weinempfehlung:
**Riesling**
**Kogelberg**
Weingut Familie Brandl

# *Holunderküchlein mit Erdbeer-Minzesalat*

**Die Zubereitung:**
Trockengerm gemäß Vorschrift auf der Packung ansetzen oder Teig mit frischer Germ zubereiten: Germ zu einem Dampfl (Vorteig) ansetzen und gehen lassen.
Weißwein und Traubensaft mit den entstielten Holunderblüten in eine Schüssel geben.
Die geschmolzene abgekühlte Butter mit den restlichen Zutaten zum Dampfl geben, einen Germteig bereiten und eine Stunde gehen lassen.
Die Auflaufformen einfetten, den Teig bis zu ¾ in die Form einfüllen und nochmals eine halbe Stunde gehen lassen.
Bei 175 °C Umluft im (Miele) Backrohr circa 25 Minuten backen.
Aus den Formen stürzen und auskühlen lassen.

## *Erdbeer-Minzesalat*

**Die Zubereitung:**
Die frischen Erdbeeren waschen, abtropfen lassen und anschließend in gleich große Stücke schneiden.
Die Minze in feine Streifen schneiden und unter die Erdbeeren mischen. Mit Staubzucker und Orangenlikör abschmecken.

TIPP

Minze gibt es mittlerweile in den verschiedensten Aromen zu kaufen. Probieren Sie einmal Schokolade-, Erdbeer-, Zitronen-, Lavendel- oder Bergamontminze.
Ihre Speisen bekommen einen anderen, aber interessanten Geschmack.

### GÄRTNER TIPP

HOLUNDER IST SEHR GESUND UND WIRD SCHON SEIT DER STEINZEIT ALS HEILMITTEL EINGESETZT. ER WIRD AUCH ALS „DER GESUNDHEITSBAUM“ BEZEICHNET. AUS DEN WEISSEN BLÜTEN KANN MAN TEE ÜND SIRUP MACHEN, DER BEI ERKÄLTUNGSKRANKHEITEN UND FIEBER HILFT UND ZUDEM DAS IMMUNSYSTEM STÄRKT. IM HERBST KANN MAN AUS DEN DUNKLEN BEEREN SAFT HERSTELLEN, DER UNHEIMLICH VIEL VITAMIN C BEINHALTET. DIESER STEIGERT IM WINTER DIE ABWEHRKRÄFTE, SODASS ES GAR NICHT ZU ERKÄLTUNGEN KOMMT. HOLUNDER IST EINE SEHR ANSPRUCHSLOSE PFLANZE UND KANN FAST IN JEDEN BODEN GEPFLANZT WERDEN.

## GÄRTNER TIPP

ESSIG UND ÖL FINDET MAN IN JEDEM HAUSHALT, DOCH GIBT ES SEHR VIELE VARIANTEN ESSIG UND ÖLE SELBST ZU AROMATISIEREN. SIE BENÖTIGEN NUR VERSCHIEDENE KRÄUTER, BLÜTEN, FRÜCHTE ODER GEWÜRZE, UM DIE KÖSTLICHKEITEN SELBER HERZUSTELLEN. WEISSWEINESSIG ODER APFELESSIG KÖNNEN SIE MIT LAVENDEL, ROSENBLÜTEN, HOLUNDERBLÜTEN, KAPUZINERKRESSEBLÜTEN, HIMBEEREN, BROMBEEREN, STACHELBEEREN, ROSMARINZWEIGEN UVM. GANZ LEICHT VEREDELN. CHILISCHOTEN ZUM BEISPIEL GEBEN DEM ESSIG EINE ANGENEHME SCHÄRFE. FÜR IHR GEWÜRZÖL KÖNNEN SIE ZWEIGE VON THYMIAN, ROSMARIN, OREGANO ODER BOHNENKRAUT VERWENDEN, SOWIE PFEFFERKÖRNER, KNOBLAUCHZEHEN UND LORBEERBLÄTTER HINZUFÜGEN. LASSEN SIE IHRER KREATIVITÄT FREIEN LAUF!

# Veilchenessig

sehr einfach

Zutaten für 4 Personen:
**1 Hand voll Veilchenblüten**
**500 ml guter Weißwein-Essig**

**Material:**
Verschließbares Glas oder Flasche

**Die Zubereitung:**
Blüten säubern und falls sie gewaschen werden, anschließend trocknen lassen.
Blüten in den Weißwein-Essig geben und etwa 1 Woche an einem schattigen und kühlen Ort ziehen lassen.
Der Essig färbt sich zartrosa und nimmt das feine Veilchenaroma an. Die Blüten verlieren ihre Farbe und werden hellrosa, später weißlich.
Nach Ende der Ziehzeit kann man die Blüten entfernen, ist aber nicht unbedingt notwendig.

**Wichtig: Diesen Veilchenessig umgehend verbrauchen, da er sein Aroma bald verliert.**

einfach

Zutaten:
**3 Hand voll Löwenzahnköpfe**
**840 g Feinkristallzucker**
**3 mittelgroße Zitronen**

**Material:**
Einmach-Gläser
Feines Spitzsieb

## *Löwenzahnhonig*

**Die Zubereitung:**
Löwenzahnblüten gut säubern, zum Abtropfen kurz in ein Sieb und anschließend auf ein sauberes Geschirrtuch legen. Mit einem zweiten Geschirrtuch entfernt man am besten das restliche Wasser und auch die ungebetenen Gäste.
Zucker und Löwenzahnköpfe abwechselnd in ein Einmach-Glas schichten (mit einer Schicht Zucker beginnen und abschließen) und die Mischung 4 Wochen lang an einem warmen Ort ruhen lassen. Langsam beginnt sich der Kristallzucker zu verflüssigen und das Ganze wird zu einer halbflüssigen Masse. Den Saft von drei Zitronen in einen breiten Topf geben, das Zucker-Löwenzahnblütengemisch dazugeben und schmelzen, aber nicht kochen, das dauert circa fünf Minuten.
Den fertigen Löwenzahnhonig durch ein feines Sieb streichen und in Einmach-Gläser abfüllen.

einfach

Zutaten:
**3 Tassen Fichtensprösslinge (in fast jedem Wald zum Nulltarif erhältlich)**
**3 Tassen Honig**
**3 Tassen Wasser**

**Material:**
1 Einmach-Glas

## *Fichtenwipferlhonig*

**Die Zubereitung:**
Die Sprösslinge in 3 Tassen Wasser aufkochen und den Honig einrühren. 10 Minuten leicht kochen lassen. Noch heiß in ein Einmach-Glas füllen, kühl und trocken aufbewahren.

# *Löwenzahnblütensaft*

einfach

**Die Zubereitung:**
Schalotten und Knoblauch in Butter anschwitzen, mit Mehl stauben. Mit Weißwein ablöschen und mit der Suppe auffüllen. Etwas einkochen lassen, danach „Rama Cremefine zum Kochen" dazugeben und wieder etwas einkochen lassen. Mit einer Prise Salz und Pfeffer abschmecken und mit der Paste, dem Pernod und Honig im Standmixer mixen. Vor dem Anrichten mit dem Stabmixer etwas aufschäumen.

GÄRTNER TIPP
DER LÖWENZAHN ALS WERTVOLLES WILDKRAUT, IST VIELEN GARTENBESITZERN EIN DORN IM AUGE, DA ER SICH SEHR RASCH ÜBER DIE GANZE RASENFLÄCHE AUSBREITET. DOCH KANN MAN DEM LÖWENZAHN AUCH ETWAS GUTES ABGEWINNEN. ER IST EINE WICHTIGE BIENENWEIDE UND AUS SEINEN JUNGEN BLÄTTERN KÖNNEN SIE EINEN KÖSTLICHEN UND GESUNDEN WILDSALAT MACHEN. SCHON MAL PROBIERT? WER IHN JEDOCH IM RASEN NICHT MÖCHTE, IM KITTENBERGER ERLEBNISGARTENCENTER GIBT ES EINE SPEZIELLE LÖWENZAHN-SPIRALE, DAMIT LÄSST SICH JEDE WURZEL PROBLEMLOS ENTFERNEN.

Zutaten:
**6 gehackte Schalotten**
**3 gehackte Knoblauchzehen**
**1 EL Butter zum Anschwitzen**
**2 EL glattes Mehl**
**500 ml Gemüsesuppe**
**500 ml Weißwein**
**250 ml Rama Cremefine zum Kochen**
**ca. 500 ml Löwenzahnblütenpaste (siehe Seite 32)**
**Meersalz, Cayennepfeffer**
**1 EL Pernod**
**1 EL Kastanienhonig**

**Material:**
Stabmixer
Standmixer

sehr einfach

# Kräuterbutter

Zutaten:
**250 g zimmerwarme Butter**
**1 EL frisches Basilikum**
**1 EL frische Petersilie**
**2 TL frischer Thymian**
**2 TL frischer Rosmarin**
**3 TL frischen Schnittlauch**
**2 TL Honig**
**1 Prise Salz**
**1 Prise gemahlener weißer Pfeffer**
**1 Prise Cayennepfeffer**

**Die Zubereitung:**
Alle Kräuter fein hacken und mit den restlichen Zutaten in einer Schüssel verrühren. Die Mischung behutsam zu einer Rolle formen. Fest in Klarsichtfolie einrollen und bis zum Gebrauch im Gefrierschrank lagern.

TIPP

Kräuterbutter ist in der Verwendung sehr vielseitig. Sie passt zu fast jedem Fleisch-, Gemüse- oder Fischgericht, egal ob gebraten oder gegrillt. Ideal auch zum Verfeinern von Suppen und Saucen.

GÄRTNER TIPP
FÜLLEN SIE IM FRÜHJAHR 30 CM ERDE IN EINE TONNE UND LEGEN SIE 1-3 ERDÄPFEL DARAUF. WENN DIESE AUSTREIBE, BEDECKEN SIE DIESE MIT CA. 10 CM ERDE. DIESEN VORGANG SO OFT WIEDERHOLEN, BIS DIE TONNE GEFÜLLT IST. IM HERBST IST IHRE TONNE REICH AN REIFEN ERDÄPFEL!

# *Paprika-Fisolensalat mit Champignon und Buttermilch*

anspruchsvoll

**Die Zubereitung:**
Fisolen putzen, waschen, in kleine Stücke schneiden und in Salzwasser weich kochen. Abseihen, abschrecken und gut abtropfen lassen.
Den Lauch von Wurzeln und grünen Blattenden befreien. Der Länge nach halbieren, gut waschen und in Streifen schneiden. In Salzwasser kurz überkochen, abseihen, abschrecken und abtropfen lassen.

Champignons putzen, kurz waschen, abtropfen lassen und je nach Größe halbieren oder vierteln. Butter und Öl erhitzen, Champignons darin anbraten und mit Salz und Pfeffer würzen. Auf einem Teller auskühlen lassen.
Für die Marinade Buttermilch mit Salz, Pfeffer und Zitronensaft würzen. Gartenkresse abschneiden, zugeben und gut vermischen. Gemüse in eine Schüssel geben, mit der Marinade vermischen und anrichten.

Zutaten für 4 Personen:
**30 grüne Fisolen**
**1 Stange Lauch**
**2 Paprika (gelb und rot)**
**1 rote Zwiebel**
**15 dag Champignon**
**1 EL Butter und Öl**
**Salz, Pfeffer**

Marinade:
**250 ml Buttermilch**
**2 Pkg. Gartenkresse**
**1 EL Zitronensaft**

Weinempfehlung:
**Sauvignon Blanc Kogelberg**
Weingut Franz Krammer

WENN NICHT IM SOMMER, WANN DANN IST UNSER GARTEN GLEICHZEITIG GRÜNES WOHNZIMMER, BADEZIMMER, SPIELZIMMER UND GARTENKÜCHE IN EINEM? AM MORGEN BRINGT EIN GARTENSPAZIERGANG BARFUSS DURCH DAS TAUNASSE GRAS WOHLBEFINDEN UND EIN SPRUNG INS KÜHLE NASS DES BADETEICHS DEN KREISLAUF IN BEWEGUNG.
EIN MITTAGSSCHLAF, EGAL OB IN EINER MODERNEN GARTENLOUNGE UNTERM SONNENSCHIRM ODER IN EINER HÄNGEMATTE UNTER DEM SCHATTEN ZWEIER BÄUME, BRINGT ENTSPANNUNG IN UNSEREN SONST SO ANGESPANNTEN ALLTAG. SO WIRD DER GARTEN IM SOMMER ZU UNSEREM GANZ PERSÖNLICHEN URLAUBSPARADIES.

# SOMMER

Juni – Juli – August

GÄRTNERREGEL:
REGNETS IM SOMMER KAUM, BLEIBEN
DIE ÄPFEL NICHT AM BAUM.

# Das Wichtigste für den Naschgarten von Juni bis August

## Juni

**Gärtnerregel: Soll Feld und Garten wohl gedeih'n, dann braucht's im Juni Sonnenschein.**

### Gemüsegarten

Nach einem fleißigen Frühjahr werden jetzt die abgeernteten Beete aufgelockert und mit Humus oder Kompost durchmischt um wieder neue Nährstoffe in den Boden einzubringen. Damit Ihnen das Gemüse nicht ausgeht, achten Sie darauf, unseren Aussaat- und Pflanzplan einzuhalten (Seite 16). Die Bewässerung des Gemüsegartens ist im Juni sehr wichtig, da die Verdunstung durch die zunehmende Wärme sehr groß ist.

Geben Sie den Paradeisern eine Stützhilfe, damit sie nicht abknicken können und entfernen Sie regelmäßig die Geiztriebe in den Blattachsen. Cocktail-Tomaten können Sie auch am Boden auf Stroh auflegen und nach der Ernte übereinander legen, das spart Platz.

**Der Anpflanz- und Ernteplan:** Um den ganzen Sommer hindurch frisches Gemüse ernten zu können, ist wieder ein genauer Anpflanzplan gefragt. Säen Sie alle 2–3 Wochen neu aus, z. B. Kopfsalat, Brokkoli, Kohlrabi, Mangold, Karotten sowie Radicchio, wobei Sie die letzte Aussaat von Brokkoli und Karotten bis Mitte des Monats vornehmen sollten. Aus dem Frühbeet ernten Sie nach und nach Kopfsalat sowie die letzten Radieschen, Rucola, Dille und Spinat. Zum Auspflanzen eignen sich nun Zucchinis, Radicchio, Kapuzinerkresse, Gurke und Rucola.

### Tipp zum richtigen Gießen

Beim Gießen sind sich die Fachleute nicht einig. Gießt man am Abend, wo die Hobbygärtner/innen am meisten Zeit dafür haben, nimmt der Boden das Wasser gut auf und es kann optimal gespeichert werden. Der Nachteil liegt jedoch auf der Hand. Tagsüber werden die Blätter von der Sonne aufgeheizt und das kann auch am Abend noch zu Verbrennungen an den Blättern führen. Gießen Sie daher niemals unter Tags!
Die Feuchtigkeit an den Blättern und Stielen, die am Abend nicht mehr abtrocknen kann, führt an kühlen Abenden zu Pilzkrankheiten und letztendlich zu Fäulnis. Gießen Sie daher nach Möglichkeit immer nur den Boden und nicht die Pflanze!

TIPP Bei Paradeisern können Sie Tontöpfe mit ca. 2 Liter Inhalt neben die Wurzeln eingraben und diese täglich mit Wasser anfüllen.

Gießen Sie nur nach Notwendigkeit, je nach Wetterlage. Besser ist es 1–2 x pro Woche kräftig zu gießen, als täglich ein bisschen. Bedenken Sie, nur die Wurzel braucht Wasser nicht die obersten 2 cm des Bodens.

Optimal ist es, wenn Sie Frühaufsteher sind und Sie gießen, bevor die Sonne aufgestanden ist, die Pflanzen werden es Ihnen danken.

### *Tipp zum biologischen Pflanzenschutz*

Die natürlichen Tees, Brühen und Jauchen haben den Vorteil, dass sie zwar gegen Schädlinge helfen, aber die Nützlinge im Garten nicht abtöten.

**Brennnessel:** Die Brennnessel findet auch im biologischen Gartenbau Anwendung als Brennnesseljauche.
Brennnesseln mit Wasser in einem abgedeckten Fass 3 Wochen ziehen lassen, dann die Blätter kompostieren und die Brühe im Verhältnis 1:20 in Ihre Gießkanne geben. Das ist ein ideales Düngemittel und gut gegen Schädlinge, da sie die Pflanze stärkt und die Schädlinge aus Ihrem Gemüsegarten vertreibt. Mit dieser Brühe können Sie alle 2–3 Wochen düngen.

**Ackerschachtelhalm:** Zerkleinerte Pflanzenteile des Ackerschachtelhalms (nur Sommertriebe) in kaltem Wasser 24 Stunden ziehen lassen. Am nächsten Tag aufkochen und bei geringer Hitze 15 Minuten leicht kochen lassen. Ca. 1,5 kg frisches Kraut auf 10 l Wasser 1:5 verdünnen und alle 2–3 Wochen auf Blätter und Boden spritzen. Diese Brühe hilft gegen Pilzerkrankungen, Spinnmilben und Blattläuse.

**Kamille:** 1 Hand voll Kamille in 1 l lauwarmen Wasser 24 Stunden ansetzen und anschließend 1:5 verdünnen. Dies schützt vor Wurzelkrankheiten und Fäulnis.

**Kapuzinerkresse:** Reichlich frische Blätter mit 500 ml Wasser aufgießen und unverdünnt gegen Blattläuse verwenden.

**Knoblauch:** Für die Knoblauchjauche 500 g zerhackte Zehen in 10 l Wasser ansetzen und anschließend 1:10 verdünnt über den Boden gießen. Dies stärkt die Pflanzen gegen Pilzerkrankungen. Als Tee (70 g für 1 l Wasser – mehrere Stunden stehen lassen) über gefährdete Pflanzen sprühen, das hilft gegen Pilzerkrankungen. Auch bei schon befallenen Pflanzen.

**Ringelblume:** Die Jauche aus Ringelblumen stärkt die Widerstandsfähigkeit von Gemüse, Obst und Blumen. Blüten, Stängel und Blätter ansetzen und 1:10 verdünnen.

**Schneckenbekämpfung im Garten:** Mieten Sie sich indische Laufenten!
Sie sind die idealen Schneckenvertilger. Die Laufenten werden paarweise vermietet.

Infos am Gartentelefon 02742-43333
oder bei der „umwelt beratung“ 02742-71829
**Projekt „rent an ent“**

### *Obstgarten*

Die Wasserversorgung ist nun auch bei den Obstgehölzen sehr wichtig, vor allem dann, wenn der Juni sehr trocken ist. Kirschbäume schützen Sie am besten mit engmaschigen Netzen, damit Ihnen die Vögel bei der Ernte nicht zuvorkommen. Bei den Apfelbäumen sollte der Fruchtbehang maximal 8 Früchte pro Meter Ast betragen, bei Überzahl entfernen Sie einzelne Früchte mit der Hand, dadurch erhalten Sie viel größeres Obst. Falls Anfang Juni kleine nicht ausgereifte Äpfel und Birnen vom Baum fallen, keine Sorge, es handelt sich dabei um den so genannten „Junifall", der ist normal und schützt den Baum vor zu vielen Früchten und gibt eine bessere Qualität. Bei den Himbeeren, das Auslichten nicht vergessen.

## *Juli*

### *Gärtnerregel: Juli schön und klar, gibt es gutes Bauernjahr.*

### *Gemüsegarten*

Sorgen Sie nach wie vor für eine gute Wasserversorgung in Ihrem Gemüsegarten, allerdings vermeiden Sie die abendliche Bewässerung, da sonst Schnecken angezogen werden. Endivien und Chicoree Salat eignen sich noch Anfang des Monats zum Aussäen. Chinakohl und sämtliche Kohlarten können Mitte des Monats gesät werden, Spinat und Frühlingszwiebel erst Ende des Monats. Auch das Wintergemüse, wie Lauch, kann bereits jetzt gepflanzt werden. Für Starkzehrer ist eine Düngung mit Brennnesseljauche von Vorteil (siehe Seite 65).

**Der Anpflanz- und Ernteplan:** Am Beginn des Monats werden die ersten Karotten im Frühbeet reif und gegen Mitte des Monats auch die in den freien Beeten. Ernten Sie nun auch den ersten Karfiol aus Ihrem Frühbeet. Kopfsalat, Brokkoli, Paprika und Paradeiser sind ebenfalls zu ernten.

TIPP Decken Sie die weißen Rosen des Karfiols schon im kleinen Stadium mit den eigenen Blättern ab, damit die Sonne die Blüte nicht gelb färbt.

### *Obstgarten*

Der Juli steht im Zeichen der Beerenernte. Johannisbeeren, Himbeeren, Brombeeren und Heidelbeeren, sowie die letzten Erdbeeren können geerntet werden. Die Triebe der Himbeeren die heuer gefruchtet haben, werden nach der Ernte bodennah abgeschnitten, Jungtriebe bleiben stehen, denn Sie wollen ja auch nächstes Jahr wieder ernten. Bei den Erdbeeren die ersten Ausläufer abschneiden und zur Vermehrung in Töpfe einsetzen und im Schatten aufstellen. Bei Brombeeren lässt man die Triebe so wie sie sind, da sie gleichzeitig als Frostschutz im Winter dienen. Auch Kirschen, Zwetschken, Pfirsiche und die ersten Äpfel werden erntereif.
Für Steinobst ist gleich nach der Ernte ein leichter Auslichtungsschnitt ratsam damit Krankheiten wie Gummifluss – harzige Ausläufe bei Bruch und Schnittstellen – unterbunden werden können.

# August

*Gärtnerregel: Ist´s hell um den Laurentiustag (10. 8.), viel Frücht man sich versprechen mag.*

## Gemüsegarten

Im August Spinat nachbauen, Feldsalat, Petersilie und Winterkresse Ende des Monats nachsäen. Lassen Sie die Zwiebeln solange in der Erde, bis das Laub abgestorben ist, dadurch erhöht sich die Lagerfähigkeit. Bei idealem Wetter können Sie Mitte des Monats Ihre ersten Melanzani ernten. Die Fruchtschale muss glänzen und fettig sein, ansonsten ist die Melanzani überreif.
Bei den Kürbissen ist darauf zu achten, dass eine Pflanze nur zwei bis drei Früchte tragen soll. Die übrigen entfernen Sie, sobald sie Tennisballgröße haben. Nach der letzten Frucht sollen maximal zwei Blätter stehen bleiben.
Küchenkräuter die Sie trocknen wollen, sollten jetzt geerntet werden. Thymian spätestens Ende des Monats. Falls Sie Kapuzinerkresse in Ihrem Garten haben, legen Sie die Knospen und Früchte doch einmal wie Kapern ein. Ernten Sie dafür die Früchte solange sie noch unreif und grün sind.

**Der Anpflanz- und Ernteplan:** Ernten Sie nun Porree, Zucchinis, Kapuzinerkresse, Rucola, Gurken, auch Fenchel und Melanzani. Paradeiser und Karotten können Sie bis zum Frost ernten. Zum Anbauen eignen sich jetzt Vogerlsalat und Radicchio.

## Obstgarten

Die Erntezeit für das Obst beginnt. Damit sich das Obst auch lange hält, sollte es nach der Ernte möglichst rasch an einen kühlen Ort gebracht werden. Alle Obstsorten vertragen Temperaturen bis –1 °C.
Lassen Sie die Früchte dennoch so lang wie möglich am Baum, denn die Sonne bringt Süße.

Love

Love
MEIN

Love

# *Ein Tisch für besondere Stunden!*

Stellen Sie auf einen mit weißem Tischtuch gedeckten Tisch 3 Kerzen in einem Glas in einer Reihe auf. Achten Sie darauf, dass das Glas über die Kerzen reicht da sonst ein leichter Wind sie ausblasen kann. Stellen Sie zu jedem Sitzplatz ein Teller mit Besteck – Sie wissen schon – rechts das Messer und den Löffel links die Gabel. Für die Nachspeise am Kopf des Tellers eine Gabel oder einen Löffel so platzieren, dass man das Besteck mit der rechten Hand leicht aufnehmen kann. Gläser sollten am rechten vorderen Rand des Tellers aufgestellt werden.

Gehen Sie in den Garten und suchen Sie die Blüten, die zurzeit voll aufgeblüht sind. Optimal für Dekorationen sind Rosen, Dahlien, Margeriten, aber auch Lavendelblüten oder Blüten von Veilchen. Schneiden Sie 10–20 Blüten ab, nehmen Sie 3–4 lange Triebe eines Efeus und schneiden Sie so viele Blätter, wie Teller aufgedeckt sind von einem Kirschlorbeer, Eiche oder Platane ab (die Blätter sollten eine glatte Oberfläche haben und nicht sofort abwelken).

Die gesammelten Blätter mit einem trockenen Tuch abwischen und schreiben Sie mit einem Gold- oder Silberstift den Namen des Gastes oder eine nette Mitteilung z. B.: „Herzlich Willkommen", oder „Ich liebe dich" (Ihrer Fantasie sind hier keine Grenzen gesetzt) – auf das Blatt und legen es, kombiniert mit einer schönen Blüte, auf eine Serviette oben auf den Teller.

Legen Sie die Efeuranken entlang des Tisches zwischen die Gläser mit den Kerzen und streuen Sie die restlichen Blüten darüber.

Achten Sie auf die Sonne und machen Sie die Dekoration erst kurz vor dem Eintreffen Ihrer Gäste, da sonst die Blüten verwelken und sie sich dann demütig vor Ihren Gästen verneigen.

Na, was hab' ich gesagt – weniger ist oft mehr – ich wünsche Ihnen einen schönen Abend!

## *Die Augen essen mit!*

Zu einem Urlaub, wie wir ihn uns vorstellen, gehören neben den Wellness- und Bewegungsangeboten, natürlich auch die kulinarischen Genüsse. Was könnte schöner sein, als unsere Lieben im Urlaub, oder zu Hause zu verwöhnen.

Ich möchte nun besonders den Männern zeigen, wie Sie Ihre Liebste, oder Freunde mit wenig Aufwand überraschen können.

Man sagt „Liebe geht durch den Magen“ und „die Augen essen mit!“ Also strengen wir uns an und stellen nicht die Heurigengarnituren auf und servieren das Essen auf Papptellern. Lassen wir uns etwas einfallen, werden wir kreativ und vor allem auch romantisch!

Dazu müssen wir keinen Floristen oder eine ganze Gärtnerei aufmarschieren lassen, sondern nur mit offenen Augen durch den Garten oder die Natur gehen und schon finden wir die einfachsten und schönsten Dinge für eine außergewöhnliche Tischdekoration. Sei es Efeu, Äste, Blätter, Moos, Wiesenblumen ... der Kreativität sind keine Grenzen gesetzt und es kostet nur ein wenig Zeit.

Wenn wir das Ganze noch mit Kerzen, einem lodernden Feuerkorb und stimmungsvoller Musik kombinieren, bereiten wir unseren Partnern und Freunden sicherlich eine tolle Überraschung.

## *Kräuter – meine Apotheke aus dem Garten!*

Gemüse und Kräuter sind jetzt in unserem Garten im Überfluss vorhanden, wenn Sie unseren Rat befolgt und im Frühling fleißig nach unserem Buch „gegärtnert" haben, denn von nichts kommt bekanntlich auch nichts. Für den Fall, dass das Gemüse nicht ausreichen sollte, gibt es Gott sei Dank die fleißigen BIO-Bauern und die hervorragenden Bio-Läden.

Im Sommer, und da vor allem im August, ist die beste Zeit für die Kräuterernte. Daher werden seit Jahrhunderten um den 15. August – Maria Himmelfahrt – in den Kirchen Kräuterweihen und Kräuterfeste veranstaltet. Spätestens zu diesem Zeitpunkt sollten alle Kräuter geerntet und für die kommende Herbst- und Winterzeit vorbereitet werden. Kräuter wie Salbei, Thymian, Zitronenmelisse usw. sind zu dieser Jahreszeit – bis ca. 10. August – voll ausgereift und haben somit die meisten ätherischen Öle und die höchste Heilkraft in ihren Blättern, Wurzeln und Blüten eingelagert. Kräuter, die Sie für den Winter trocknen wollen, sollten Sie vor dem 10. August nach Möglichkeit bei zunehmendem Mond, bis ca. 2 Tage vor Vollmond abschneiden. In dieser Mondphase ist der Saftstrom und somit alle notwendigen Heil- und Duftstoffe in der Pflanze und nicht in der Wurzel. Die geschnittenen Kräuter werden getrennt, nach Art oder Sorte in Leinentücher zusammengebunden und in einem luftdurchfluteten Raum zum Trocknen aufgehängt.

Nach ca. 1–2 Wochen die Blätter von den Stielen abrebeln und die Kräuter in Sackerl oder spezielle Kräutergläser abfüllen und trocken lagern. Diese getrockneten Kräuter können je nach Geschmack, Lust und Laune als Tee oder als Würze für Speisen verwendet werden. Die Haltbarkeit bei richtiger Verarbeitung und Lagerung liegt bei bis zu zwei Jahren. Getrocknete Kräuter sind seit Generationen als Apotheke der Natur gefragt. Pfefferminze als Inhalation oder Heißgetränk bei Erkältungen. Kamille und Hagebutte zum Gurgeln bei Halsschmerzen und Salbei wirkt bei Zahnproblemen wohltuend. Wenn Kopfschmerzen unerträglich und der Kreislauf wieder in Schwung gebracht werden soll, ist Rosmarintee gefragt. Bei Magenschmerzen, Übelkeit, Blähungen und Bauchkrämpfen gibt es kaum etwas Besseres als die verschiedenen Minzepflanzen. Ist der Körper unruhig und man kann kaum einschlafen, wirkt Lavendel und Kamille beruhigend. Lindenblüten und Zitronenmelisse wirken entgiftend und Malvenblüten mit Hagebutten stärken durch den hohen Vitamin C Gehalt unsere Abwehrkräfte.

Minze
Zitronen-
Thymian

## „It`s teatime“ – mit frischen Kräutern und Blüten!

Haben Sie gewusst, dass Tee am besten mit frischen Kräutern schmeckt? Verwenden Sie ab Frühling frische Kräuterblätter, z. B. von der Pfefferminze 3–4 Blätter mit wenig heißem Wasser kurz überbrühen, Wasser ausgießen und erneut mit abgekochtem heißen Wasser übergießen und dann 5–10 Minuten ziehen lassen. So haben Sie die Bitterstoffe entfernt und der Pfefferminztee schmeckt wunderbar. Im Sommer ist selbstgemachter Tee aus Kräutern als kaltes Getränk ein hervorragender Durstlöscher.

TIPP

**Ein besonders origineller Tipp:**

### *Minzeblätter in Eiswürfel*

Befüllen Sie eine Eiswürfelform mit Wasser und legen Sie pro Eiswürfel ein frisches Minzeblatt ein.
Einfrieren und kurz vor dem Servieren in den kalten Tee geben.
Das geht schnell und ist der Hit bei jeder Gartenparty.

# Traumhafte Sommergerichte

- *Radicchio mit Steinpilzen und gebratenem Frischkäse*
- *Zucchiniblüte mit Schafskäse und Schmelz-Paradeisern*
- *Klare Paradeissuppe mit gebackenem Babymozzarella*
- *Erbsenschaumsuppe mit Minze*
- *Gundelreben-Risotto mit Sommerblütensalat*
- *Brennnesselknöderl mit Ringelblumenblütensaft*
- *Gebratene Flugentenbrust mit Apfel und Rettich*
- *Rhabarber-Erdbeer Schaumeis*
- *Rhabarber-Chutney*
- *Bio-Beiriedschnitte mit gratinierten Mangoldnudeln*
- *Melanzani-Salat vom Grill*
- *Zucchini Puffer mit Paradeiserdip*
- *Lavendelblüten-Topfennockerl mit glacierten Marillen*
- *Kittenberger´s Power-Gartenpfandl*

einfach

Zutaten:
**2 Radicchio**
**2 EL Butter**
**1 EL Zucker**
**4 kleine Steinpilze**
**1 Schuss weißer Balsamico Essig**
**1 Ei**
**200 g Mozzarella**
**4 EL Mehl**
**4 EL Olivenöl**
**1 EL gehackte Petersilie**
**Salz, Pfeffer**
**2 EL kaltgepresstes Olivenöl**

Weinempfehlung:
**Riesling**
**Heiligenstein**
Weingut Birgit Eichinger

# *Radicchio mit Steinpilzen und gebratenem Frischkäse*

**Die Zubereitung:**

Den Radicchio waschen, halbieren und die Strünke keilförmig herausschneiden. In einer großen Pfanne die Butter erhitzen, Zucker einstreuen und den Radicchio mit der Schnittfläche nach unten hineinlegen. Zugedeckt 5–10 Minuten dünsten und mit einem Schuss Balsamico Essig übergießen.

Den Mozzarella in 1 cm dicke Scheiben schneiden, in Mehl wenden und durch das in einer Schüssel verquirlte Ei ziehen.

In einer Pfanne 2 Esslöffel Olivenöl erhitzen und die Mozzarellascheiben auf jeder Seite 1 Minute lang braten und anschließend auf einem Küchenpapier abtropfen lassen.

Die Steinpilze vorsichtig mit einem feuchten Tuch putzen und der Länge nach halbieren. In einer Pfanne 2 Esslöffel Olivenöl erhitzen und die Steinpilzhälften beidseitig anbraten, mit ein paar Tropfen Wasser beträufeln und zugedeckt am Herdrand kurz ziehen lassen.

Jetzt erst mit Salz, Pfeffer würzen und mit Petersilie verfeinern.

Den Radicchio mit den Steinpilzen und dem gebratenen Mozzarella auf einem Teller anrichten und mit kaltgepresstem Olivenöl vollenden.

**GÄRTNER TIPP**

SOLLTEN SIE DEN BITTEREN GESCHMACK NICHT MÖGEN, DANN LEGEN SIE DEN RADICCHIO EINIGE ZEIT IN LAUWARMES WASSER EIN.

# *Zucchiniblüte mit Schafskäse und Schmelz-Paradeisern*

anspruchsvoll

Zutaten:
**125 g Ricotta**
**125 g Schaffrischkäse**
**1 EL Pinienkerne (geröstet)**
**1 Zweig Thymian**
**Salz, weißer Pfeffer**
**8 nicht zu große Zucchiniblüten**
**16 Stück Kirschparadeiser**
**1 Zweig Rosmarin**
**10 EL Staubzucker**
**6 Zehen Knoblauch ungeschält**
**2 EL Olivenöl zum Braten**
**Einige Tropfen gereifter Balsamico**

**Material:**
Auflaufform
Spritzbeutel

**Die Zubereitung:**

Den Ricotta, den Schaffrischkäse mit den Pinienkernen und gehacktem Thymian vermischen. Mit Salz und weißem Pfeffer würzen. Die Zucchiniblüten in kaltem Wasser einweichen – damit sich die Blüten öffnen – und die Blütenstempel entfernen.

Die Ricotta-Schafskäsemasse in einen Spritzbeutel füllen und in die geöffneten Blüten spritzen.

Für die Schmelz-Paradeiser eine Auflaufform mit Olivenöl beträufeln. Halbierte Paradeiser mit der Schnittseite nach oben, den Knoblauch und den Rosmarinzweig in die Form legen.

Mit Salz, Pfeffer und Staubzucker würzen und im (Miele) Backrohr bei 180 °C Umluft ca. 5 Minuten schmelzen lassen.

Die gefüllten Zucchiniblüten in einer beschichteten Pfanne mit etwas Olivenöl langsam und vorsichtig von allen Seiten anbraten.

Die Blüten mit den geschmolzenen Paradeisern auf Blattsalat mit ein paar Tropfen gereiftem Balsamico anrichten.

TIPP

Gereifter Balsamico reift in Eichenfässern bis zu 30 Jahre und ist daher teuer, dafür schmeckt er intensiv und hervorragend.

Weinempfehlung:
**Riesling**
**Kamptal DAC**
Weingut Fred Loimer

anspruchsvoll

Zutaten für 4 Personen:
**4 kg reife Paradeiser**
**1 Zweig Rosmarin**
**6 Wacholderbeeren**
**3 EL Staubzucker**
**3 EL Gin**
**1 Packung Babymozzarella**
**Frittierfett**
**Salz, Prise Cayennepfeffer**

Zum Panieren:
**Semmelbrösel**
**Eier, Mehl**

**Material:**
Etamin (Passiertuch)

Weinempfehlung:
**Blauer Burgunder Spiegel**
Weingut Josef Leithner

# *Klare Paradeissuppe mit gebackenem Babymozzarella*

**Die Zubereitung:**
Die Paradeiser klein hacken, in ein Etamin (Passiertuch) einschlagen, andrücken und den auslaufenden Saft im Topf auffangen. Diesen mit Gin, Staubzucker und Rosmarin etwas einkochen lassen, bis sich der Paradeissaft auf circa 1 Liter reduziert hat. Danach die Wacholderbeeren mit dem Messerrücken andrücken und hinzufügen.
Den Babymozzarella in einem Sieb abtropfen lassen und mit Mehl, Eier und Semmelbrösel panieren. In heißem Frittierfett bei circa 180 °C zügig herausbacken und auf einem Küchentuch abtropfen lassen.
Die Paradeissuppe mit Salz und Cayennepfeffer abschmecken.
In Suppentassen mit dem heißen, panierten Babymozzarella servieren.

## GÄRTNER TIPP

GEIZEN SIE IHRE PARADEIS-PFLANZEN MÖGLICHST FRÜH AUS, DAS BEDEUTET, DASS MAN DIE TRIEBE IN DEN BLATTACHSELN ENTFERNT. DADURCH BEKOMMT DIE PFLANZE MEHR KRAFT UND INVESTIERT IN DIE FRUCHT-BILDUNG, ANSTATT IN DIE BLATTBILDUNG.
AB JUNI KÖNNEN SIE ÜBER-HAUPT DIE UNTEREN BLÄTTER ENTFERNEN.
PARADEISER IMMER NUR VON DEN WURZELN GIESSEN.

# *Erbsenschaumsuppe mit Minze*

anspruchsvoll

**Die Zubereitung:**
Jungzwiebeln säubern und grob schneiden.
Butter in einem Topf erhitzen und die Zwiebeln andünsten. Erbsen dazugeben und ebenfalls leicht andünsten. Mit Gemüsefond und Weißwein ablöschen und köcheln lassen bis die Erbsen weich sind.
Die Pfefferminze zerkleinern und mit „Rama Cremefine zum Kochen" in die Suppe hinzugeben und kurz aufkochen lassen!
Alles im Standmixer pürieren, mit Salz, Pfeffer und Honig abschmecken. Vor dem Anrichten mit dem Stabmixer schäumen.

Zutaten für 4 Personen:
**3 Jungzwiebeln**
**1 EL Butter**
**300 g Erbsen**
**200 ml Gemüsefond**
**(siehe Seite 32)**
**100 ml Weißwein**
**5 Zweige Pfefferminze**
**150 ml Rama Cremefine**
**zum Kochen**
**Salz, Pfeffer**
**1 EL Honig**

**Material:**
Standmixer
Stabmixer

Weinempfehlung:
**Riesling Freiherr**
**Heiligenstein**
Weingut Frei

einfach

Zutaten für 4 Personen:
Saft:
**500 ml Weißwein**
**6 Schalotten**
**500 ml Gemüsefond**
**16 EL Gundelrebenblätter**
**(wenn möglich auch Blüten)**
**100 ml Olivenöl, 3 EL Traubensaft,**
**Salz, weißer Pfeffer**

Risotto:
**250 g Arborio Risotto**
**4 große Schalotten**
**200 ml Weißwein**
**Asmonte (heimischer Parmesan)**
**2 EL Olivenöl**

Sommerblütensalat:
**Kapuzinerblüten**
**Taglilie, Dahlie**
**Borretschblüten**
**Löwenzahnblätter und Blüten**
**reifer Balsamico, 1 EL Olivenöl**
**1 TL Staubzucker**

Weinempfehlung:
**Grüner Veltliner**
**Heiligenstein**
Weingut Hirsch

# *Gundelreben-Risotto mit Sommerblütensalat*

**Die Zubereitung Saft:**
Die Schalotten grob zusammenschneiden und in 2 Esslöffel Olivenöl anschwitzen. Mit Weißwein, Gemüsefond aufgießen und auf ein Drittel einreduzieren lassen.
Gundelrebenblätter und Traubensaft dazugeben und 2 Minuten kochen lassen. Im Standmixer auf höchster Stufe fein mixen mit Salz, Pfeffer würzen und durch ein feines Sieb seihen. Mit dem Stabmixer das restliche Olivenöl langsam hinein mixen.

**Die Zubereitung Risotto:**
Die Schalotten in feine Würfel schneiden und mit Olivenöl in einem breitem Topf anschwitzen. Den Risotto-Reis dazugeben, kurz rösten und mit Weißwein ablöschen. Den Weißwein einkochen lassen, danach mit der Hälfte des zuvor hergestellten Gundelrebensaftes aufgießen und auf kleiner Flamme circa 10 Minuten (bissfest, abhängig vom Gerät!) köcheln lassen. Mit Salz und weißem Pfeffer abschmecken.
Vor dem Anrichten mit Asmonte verfeinern.

Für den Salat alle Blüten vorsichtig in kaltem Wasser waschen und auf einem Küchentuch abtropfen lassen. Mit einigen Tropfen gereiftem Balsamico, Olivenöl, Staubzucker und einer Prise Salz marinieren.

### GÄRTNER TIPP

GUNDERMANN ODER GUNDELREBE IST EIN SEHR AROMATISCHES GEWÜRZ FÜR SPEISEN UND EINE DER ERSTEN PFLANZEN DIE IM FRÜHLING BLÜHEN. ABER WIE ERKENNEN SIE DIE GUNDELREBE? SIE IST GRAUGRÜN UND WIRD HÖCHSTENS 40 CM HOCH. ES SITZEN IMMER ZWEI BLÄTTER AN EINEM KNOTEN, WOBEI DIESE RELATIV KLEIN UND HERZFÖRMIG SIND, UND EINEN GEKERBTEN BLATTRAND HABEN. DIE BLÄTTER DUFTEN BEIM ZERREIBEN HERB UND LEICHT BITTER. WENN DIE PFLANZE BLÜHT, DANN ZEIGT SIE EINEN STOCKWERKARTIGEN BAU. DIE BLÜTEN SIND BLAUVIOLETT UND SITZEN IN BÜSCHELN IN DER ACHSEL DER BLÄTTER.

### GÄRTNER TIPP

BEI BRENNNESSELN SCHMECKEN NUR DIE JUNGTRIEBE GUT, ALSO REGELMÄSSIG ABMÄHEN. ACHTUNG! BRENNNESSELN NICHT BLÜHEN LASSEN SONST ÜBERWUCHERN SIE IHREN GARTEN. WO BRENNNESSELN WACHSEN, SIND GUTE, NÄHRSTOFF-REICHE, HUMOSE BÖDEN VORHANDEN. MAN MUSS SIE ALSO NICHT UNBEDINGT IM EIGENEN GARTEN ZIEHEN, SONDERN KANN SIE BEIM SPAZIEREN GEHEN ERNTEN.

# Brennnesselknöderl mit Ringelblumenblütensaft

anspruchsvoll

Zutaten für 4 Personen:
**200 g junge Brennnesselblätter**
**5 Eier, 250 ml Milch**
**400 g Semmelwürfel**
**Salz, geriebene Muskatnuss**
**1 Knoblauchzehe**

Ringelblumensaft:
**5 Schalotten, 1 Knoblauchzehe**
**1 TL Butter, 2 EL glattes Mehl**
**400 ml Gemüsefond**
**400 ml Weißwein**
**400 ml Rama Cremefine zum Kochen**
**200 ml Ringelblumenblütenpaste (siehe Seite 32)**
**Salz, Cayenne, 1 EL Akazienhonig,**
**1 TL Anislikör (wenn vorhanden)**
**frischen Salbei**
**und/oder braune Butter nach Belieben**

**Material:**
Standmixer

**Die Zubereitung:**
Die Brennnesselblätter in Salzwasser kurz aufkochen lassen und in Eiswasser abschrecken, damit die tiefgrüne Farbe erhalten bleibt. Die Eier mit der Milch versprudeln und über die Semmelwürfel gießen. Mit einer Prise Salz, Muskatnuss und der gehackten Knoblauchzehe würzen. Kurz rasten lassen, danach die Masse mit den vorgekochten, fein gehackten Brennnesselblättern gut vermengen. Die fertig geformten Knödel in Salzwasser je nach Größe kochen.

**Ringelblumensaft:**
Die Schalotten grob würfeln, mit dem Knoblauch in Butter anschwitzen, mit Mehl stauben und mit dem Gemüsefond und Weißwein aufgießen und etwas einkochen lassen. „Rama Cremefine zum Kochen" dazugeben und ebenfalls etwas einkochen lassen. Mit dem Anislikör und dem Honig abschmecken, die Ringelblumenblütenpaste hinzugeben und im Standmixer fein mixen.

Die gekochten Knödel mit dem Ringelblumenblütensaft anrichten und nach Belieben mit brauner Butter und/oder mit frischem Salbei verfeinern.

TIPP

**Braune Butter:** Butter in einem Topf erhitzen bis diese zu schäumen beginnt. Langsam die Molke am Topfboden braun werden lassen. Sofort durch ein Sieb seihen und abkühlen lassen.

Weinempfehlung:
**Riesling**
**Steinhaus**
Weingut Thomas Leithner

besonders anspruchsvoll

Zutaten für 4 Personen:
**4 Flugentenbrüste (weiblich)**
**10 g Meersalz fein**
**8 Pfefferkörner**
**1 TL Korianderkörner**

**2 Äpfel (Boskop)**
**10 ml Apfellikör (Calvados)**
**200 ml Gemüsefond (Seite 32)**
**20 g kalte Butter**
**1 Schuss Apfelessig**

**500 g Rettich**
**80 g Apfelessig**
**15 g Zucker, Salz**
**1 großes Lorbeerblatt**
**3 Wacholderbeeren**
**2 Pimentkörner**

**Material:**
Mörser
Bratenthermometer

Weinempfehlung:
**Grüner Veltliner Goldmund**
Weingut Manfred Gruber

# *Gebratene Flugentenbrust mit Apfel und Rettich*

**Die Zubereitung:**
Meersalz mit Pfeffer- und Korianderkörnern im Mörser fein zerstoßen. Die Entenbrüste damit einreiben und kühl stellen.
Die Haut der Entenbrust mit einem scharfen Messer rautenförmig einschneiden. In etwas Fett mit der Hautseite nach unten bei starker Hitze anbraten, kurz auf der Rückseite. Auf der Hautseite im vorgeheizten (Miele) Backrohr ca. 10–15 Minuten bei 160 °C die Ente rosa braten. Die Kerntemperatur sollte nun mit einem Bratenthermometer gemessen 65 °C betragen.

Äpfel schälen, Kerngehäuse entfernen und in feine Würfel schneiden. Das Fett aus der Pfanne gießen und die Apfelwürfel mit der Butter darin kurz anbraten. Die Apfelwürfel auf einem Teller auskühlen lassen. In der Pfanne den Calvados einkochen lassen, bis fast nichts mehr übrig ist. Mit Gemüsefond auffüllen und bei Bedarf leicht binden. Zum Schluss die Äpfel wieder in die Sauce rühren. Mit einem Schuss Apfelessig verfeinern.

Den Rettich schälen und grob raspeln. In einem Topf 1 Liter Wasser mit Apfelessig, Zucker, Salz und den restlichen Gewürzen zum Kochen bringen. Den Rettich dazugeben und zugedeckt bei schwacher Hitze 5–10 Minuten garen. Den Rettich mit einem Lochschöpfer aus dem Sud nehmen und mit der Entenbrust und den Äpfeln anrichten.

anspruchsvoll

Zutaten für 4 Personen:
**250 g Rhabarber**
**250 g Erdbeeren**
**1 EL Zitronensaft**
**150 g Sonnenblumenhonig (auch anderer möglich)**
**250 g Rama Cremefine zum Schlagen**

Weinempfehlung:
**Weiburgunder Eiswein**
Weingut Kirschner

# Rhabarber-Erdbeer Schaumeis

**Die Zubereitung:**
Rhabarber waschen, schälen und mit den Erdbeeren (ohne Grün) grob zerteilen. In einem Topf 125 ml Wasser zum Kochen bringen und die Rhabarber- bzw. Erdbeerstücke weich kochen. Es sollte sehr wenig Flüssigkeit übrig bleiben.
Das Ganze mit Zitronensaft und Sonnenblumenhonig mixen. Unter das feine, gekühlte Fruchtpüree, „Rama Cremefine zum Schlagen" unterheben und in einem Gefrierbehälter mindestens 2 Stunden frieren.

TIPP Lässt sich auch in einer Sorbetmaschine zubereiten!

# *Rhabarber-Chutney*

einfach

**Die Zubereitung:**
Den Rhabarber waschen, abziehen und in kleine Stücke schneiden. Die Zwiebeln sehr fein hacken. Sämtliche Zutaten, außer dem Zucker, in einem Topf zum Kochen bringen. Dann erst den Zucker langsam zugeben und alles bei kleiner Hitze so lange köcheln lassen, bis die Masse die Konsistenz von dicker Marmelade hat. Heiß in vorbereitete Gläser füllen.

Schmeckt fantastisch zu gegrilltem Fleisch. Auch wunderbar passend zu Raclette, Fondue oder zu Käse.

GÄRTNER TIPP
ERNTEN SIE RHABARBER SO FRÜH WIE MÖGLICH, DA DER OXALSÄUREGEHALT MIT ZUNEHMENDEM ALTER STEIGT. ESSEN SIE RHABARBER NUR GEKOCHT.

Zutaten für 4 Personen:
**1000 g Rhabarber**
**250 g Zwiebel**
**250 g Rosinen**
**14 g Senfkörner**
**1 TL Gewürzmischung (2/3 Ingwer, 1/3 Zimt)**
**1 TL Pfeffer**
**1 TL Salz**
**¼ TL Cayennepfeffer**
**380 ml Essig**
**750 g brauner Zucker** **(siehe Seite 91)**

**Material:**
Wiederverschließbare Gläser

sehr anspruchsvoll

# *Bio-Beiriedschnitte mit gratinierten Mangoldnudeln*

Zutaten für 4 Personen:
**800 g Bio-Beiried**
**Salz, Pfeffer aus der Mühle**
**1 Zweig Rosmarin**

**300 g Tagliatelle**
**10–20 getrocknete Paradeiser**
**6 frische Mangoldblätter**
**ein wenig Asmonte (Parmesan)**
**Olivenöl**
**2 EL Rapsöl**
**1 EL kalte Butter**

**Material:**
Auflaufform

Weinempfehlung:
**Rotburger**
Weingut Thomas Herndler

**Die Zubereitung:**
4 gleich große Beiriedschnitten mit Salz, schwarzem Pfeffer aus der Mühle und gehacktem Rosmarin würzen und kurz rasten lassen.
Die Tagliatelle kochen, mit Olivenöl, gehackten, getrockneten Paradeisern und den in feine Streifen geschnittenen Mangoldblättern vermengen. Mit wenig Salz und Pfeffer würzen und in eine befettete Auflaufform geben. Mit geriebenem Asmonte bestreuen und im (Miele) Backrohr bei 250 °C starker Oberhitze gratinieren.

Währenddessen die Beiriedschnitten mit Rapsöl in einer Pfanne beidseitig scharf anbraten, danach die Pfanne an den Herdrand stellen und das Fleisch kurz rasten lassen.

Den Bratenrückstand mit einem Esslöffel kalter Butter binden. Die Nudeln auf vorgewärmte Teller geben, darauf die Beiried platzieren und mit dem Saft servieren.

**GÄRTNER TIPP**

ERNTEN SIE MANGOLD STIELWEISE IN IHREM GARTEN, DENN DANN KÖNNEN IMMER WIEDER NEUE BLÄTTER NACHTREIBEN. SO HABEN SIE MEHRERE MONATE IMMER FRISCHEN MANGOLD IM GARTEN. DIE JÜNGEREN BLATTER SCHMECKEN NICHT SO HERB WIE ÄLTERE BLÄTTER.

**GÄRTNER TIPP**

DIE ENTHALTENEN BITTERSTOFFE WIRKEN SICH GUT AUF DIE VERDAUUNG AUS. ALLERDINGS HABEN DIE GRIECHEN EINEN GUTEN TRICK, DIE BITTERSTOFFE ZU ENTFERNEN OHNE AUF IHRE WIRKUNG ZU VERZICHTEN. UND ZWAR, SCHNEIDEN SIE DIE MELANZANI IN SCHEIBEN UND SALZEN DIESE. EINWIRKUNGSZEIT BETRÄGT MINDESTENS 15 MINUTEN. VOR DEM KOCHEN WASCHEN SIE DIE SCHEIBEN WIEDER AB, DAMIT IHR GERICHT NICHT ZU SALZIG WIRD.

# *Melanzani-Salat vom Grill*

einfach

Zutaten für 4 Personen:
**2 Melanzani**
**2 Fleischparadeiser**
**1 gelber Paprika**
**1 roter Paprika**
**1 Bd. Schnittlauch**
**Knoblauchöl**
**Salz, Pfeffer aus der Mühle**

**Material:**
Sparschäler
Plattengrill oder Griller

**Die Zubereitung:**
Die Melanzani waschen, abtrocknen und in 1 cm dicke Scheiben schneiden. Die Paradeiser mit dem Sparschäler schälen und ebenfalls in dicke Scheiben schneiden. Die Paprikaschoten waschen, entkernen und in Streifen schneiden. Den Schnittlauch waschen, auf einem Küchenpapier abtropfen lassen und in 2 cm lange Stücke schneiden.
Den vorgeheizten Plattengrill mit Knoblauchöl bepinseln und Melanzani, Paradeiser und Paprika gute 10 Minuten grillen. Ab und zu wenden.
Das Gemüse auf einem Teller platzieren, mit Schnittlauch bestreuen und mit Salz und Pfeffer aus der Mühle würzen.

TIPP

**VITAMINTIPP:** Die vielen Vitamine sind übrigens unter der Schale. Also schälen Sie die Melanzani nicht, sondern belassen Sie es beim Waschen.

Weinempfehlung:
**Weißburgunder**
**Kittmannsberg**
Weingut Grillmaier

anspruchsvoll

Zutaten für 4 Personen:
**200 g Zucchini**
**100 g Jungzwiebel**
**250 g Erdäpfel**
**1 Ei (Gr. L)**
**1 EL Stärkemehl**
**3 EL Rapsöl**
**6 Paradeiser**
**2 Schalotten**
**1 Knoblauchzehe**
**1 kleiner Zweig Rosmarin**
**1 großer Zweig Thymian**
**1 kleiner Bd. Petersilie**
**1 kleiner Bd. Schnittlauch**
**1 großer Bd. Kerbel**
**100 g Joghurt**
**100 g Sauerrahm**
**Salz, Pfeffer,**
**geriebene Muskatnuss**

**Material:**
Sparschäler
Haushaltsreibe

Weinempfehlung:
**Grüner Veltliner**
**Weißgipfler Kamptal DAC**
Weingut Karl Haimerl

# *Zucchini-Puffer mit Paradeiserdip*

**Die Zubereitung:**
Zucchini und Jungzwiebel waschen und putzen. Jungzwiebel der Breite nach in feine Scheiben schneiden. Die Zucchini auf der groben Seite der Haushaltsreibe zu den Jungzwiebeln reißen.
Die Erdäpfel schälen, waschen, gut abtropfen lassen und auch auf der groben Seite der Reibe dazu reißen. Die Masse mit dem Ei und dem Stärkemehl vermischen. Mit Salz, Pfeffer und geriebener Muskatnuss würzen.
Rapsöl in einer Pfanne erhitzen, 2 Esslöffel Zucchini-Masse mit dem Löffelrücken zu Puffern flachdrücken. Bei mittlerer Hitze auf beiden Seiten je 4–5 Minuten braten und auf Küchenpapier abtropfen lassen.

Die Paradeiser mit dem Sparschäler schälen, vierteln, entkernen und in feine Würfel schneiden. Schalotten und Knoblauch schälen und in kleine, feine Würfel schneiden. Den Schnittlauch so fein wie möglich schneiden, den Rest der Kräuter zupfen und hacken. Alle Zutaten in einer Schüssel mit dem Sauerrahm und dem Joghurt verrühren. Mit Salz und Pfeffer abschmecken.

## GÄRTNER TIPP

LAVENDEL IST VIELSEITIG EINSETZBAR, SOWOHL IN DER KÜCHE, ALS AUCH FÜR DUFTSÄCKCHEN GEGEN MOTTEN ODER AUCH ALS ÖL ODER HEILMITTEL. AM BESTEN SETZEN SIE „LAVANDULA ANGUSTIFOLIA", DEN DUFTLAVENDEL, ER IST IM AROMA SEHR INTENSIV. SCHNEIDEN SIE DEN LAVENDEL IM AUGUST NACH DER BLÜTE ZURÜCK, DABEI SOLLTEN CA. 2-3 CM VON DEN SILBERGRAUEN BLÄTTERN MIT ABGESCHNITTEN WERDEN. DORT WERDEN DANN NEUE KNOSPEN GEBILDET UND IHR LAVENDEL TREIBT IM FRÜHLING KRÄFTIG BUSCHIG AUS.

# Lavendelblüten-Topfennockerl mit glacierten Marillen

anspruchsvoll

**Die Zubereitung:**
Butter und Zucker schaumig rühren, Topfen zugeben. Eine Prise Salz, Vanillezucker und Rum beigeben. Eier unterrühren, mit den Semmelbrösel und den Lavendelblüten zu einem Teig verarbeiten.
Gleich große Nockerl mit einem Esslöffel formen und ins kochende, leicht gesalzene Wasser einlegen. Kurz aufkochen und zugedeckt 10 Minuten ziehen lassen.
Die Marillen in heißem Wasser blanchieren und in Eiswasser abschrecken. Die Marillen schälen und vierteln.
In einer Pfanne den Kristallzucker mit 5 Esslöffel Wasser aufkochen lassen und die Marillen darin glacieren.

Die Butter in einem Topf zerlassen und die Semmelbrösel bei schwacher Hitze kurz rösten. Die fertigen Topfennockerl darin wenden und mit den glacierten Marillen anrichten.

Zutaten für 4 Personen:
**50 g Butter**
**2 EL Staubzucker**
**3 Eier**
**500 g Topfen**
**150 g Semmelbrösel**
**1TL Lavendelblüten**
**1 Prise Salz**
**1 Pkg. Vanillezucker**
**2 EL Rum**
**500 g Marillen**
**2 EL Kristallzucker**
**100 g Butter**
**200 g Semmelbrösel**

Weinempfehlung:
**Gelber Muskateller**
**Clarissima**
Weinbau Markus Gruber

einfach

Zutaten für 4 Personen:
**1 Zwiebel**
**5–6 Zehen Knoblauch**
**1 Stange Porree**
**2 EL Olivenöl**
**5–6 Scheiben magere Wurst**
**1–2 Karotten**
**¼ Sellerie**
**½ Kohlrabi**
**¼ Karfiol oder Brokkoli**
**1–2 kleine Zucchini**
**oder 1 Gurke**
**1 Paprika rot oder gelb**
**2–3 Paradeiser**
**1 Pkg. Mozzarella**
**Salz, Pfeffer**
**frische Kräuter nach Saison**
**(Rosmarin, Thymian,**
**Basilikum, ...)**

Weinempfehlung:
**Grüner Veltliner**
**Kamptal DAC**
Weingut Rudolf
Röglsperger

# *Kittenberger´s Power-Gartenpfandl*

**Die Zubereitung:**
Hacken Sie die Zwiebel, zerdrücken Sie die Knoblauchzehen mit einem flachen Messer und schneiden die Stange Porree in lange Streifen. Dieses nun in heißem Olivenöl anschwitzen.
Jetzt können Sie 5–6 dünne Scheiben Schinken oder magere Wurst zu dem Zwiebel geben. Dabei immer umrühren damit weder die Zwiebel noch der Schinken anbrennen können.

Das gesamte Gemüse, das sie zuvor in kleine würfelige Stücke geschnitten haben, sollten Sie jetzt je nach Festigkeit des Gemüses in die Pfanne geben. Zuerst Karotten, Sellerie, Kohlrabi, Karfiol oder Brokkoli, dann Zucchini oder Gurke, Paprika und zum Schluss die Paradeiser.
Dabei immer mit einem Holzkochlöffel umrühren. Mit etwas Pfeffer und einer kleinen Prise Salz abschmecken.
Nach circa 5–8 Minuten Garzeit den Mozzarella in Stücke schneiden und über das gegarte Gemüse verteilen und verschmelzen lassen.
Zum Schluss nach Herzenslust mit frischen Kräutern verfeinern.

Getoastetes Brot passt hervorragend zu diesem einfachen, aber doch sehr schmackhaften Gericht.

Eines der schnellsten und gesündesten Gerichte ist mein persönliches Power-Gartenpfandl.
Egal ob zum Frühstück, zu Mittag oder als schnelles Abendgericht schenkt es Vitalität und belastet den Magen nicht. Wer Kalorien zählt braucht auch hier keine Angst zu haben mit dem „Power Gartenpfandl" lässt es sich leicht und unbeschwert leben.

Das gesamte Bio-Gemüse und fast alle Kräuter die in Ihrem Garten je nach Jahreszeit wachsen, oder die sie günstig beim Gemüsehändler bekommen, können dabei verwendet werden.

NATUR im GARTEN
Gesund halten, was uns gesund hält

## *Für alle Hobbyköche –*

# *Grillen, Wok und Steinplatte in der Gartenküche*

Man sagt uns Männer nach, die wahren Grillmeister zu sein, aber sind wir uns ehrlich, meistens sind die Würstel und Koteletts verbrannt, die Hendlhaxerl schmecken zu scharf und ...
Das wollen wir uns nicht länger nachsagen lassen, denn unsere Gartenküche kann mehr als verbrannte Fleischspeisen, und das werden wir Ihnen auf den nächsten Seiten beweisen!

# Tipps zum Grillen – damit es nicht verbrennt

## Grillen und Barbecue Profitricks

**1**. Der gesäuberte Grillrost sollte immer erst nach Erreichen der optimalen Grilltemperatur aufgelegt werden. Die Grilltemperatur ist optimal, wenn die Kohle eine hellgraue Ascheschicht gebildet hat und gleichmäßig glüht.

**2**. Beim Elektrogrill sollte die Grillfläche gereinigt sein, die richtige Grilltemperatur ist erreicht, wenn ein Wassertropfen auf der Grillfläche tanzt.

**3**. Je mehr Grillgut Sie auf den Rost oder die Grillfläche legen, desto langsamer wird der Grillvorgang. Optimal ist es, das Grillgut mit einem Abstand von 2–5 cm Abstand aufzulegen.

**4**. Überschüssiges Fett sollte weitestgehend vom Grillgut entfernt werden. So vermeiden Sie tropfendes Fett über der Grillkohle.

**5**. Mariniertes Grillgut sollte trocken getupft werden, damit kein Öl auf die heiße Glut tropft.

**6**. Drücken Sie das Grillgut nicht und stechen Sie es nicht an. So bleibt der wertvolle und schmackhafte Bratensaft erhalten und das Gargut bleibt saftig.

**7**. Sollte das Feuer auflodern, schieben Sie das Grillgut zur Seite und geben Sie einen Deckel auf den Grill. Wenn sich die Glut wieder beruhigt hat können Sie weiter grillen.

## *Weitere Hinweise für den Grillmeister:*

**1**. Den Grill an einem guten Platz aufstellen, achten Sie auf die Grillschwaden, diese sollten den Nachbarn und auch die Grillgesellschaft nicht belästigen.

**2**. Gießen Sie keinesfalls Grillanzünder oder Spiritus in die Glut.

**3**. Kinder und Haustiere sollten vom Grill fern gehalten werden. **Achtung!** Grillspieße aus Metall oder Stahl sind auch noch lange Zeit nach dem Grillen extrem heiß.

**4**. Leicht verderbliche Lebensmittel sollten in einer Kühlbox aufbewahrt werden, bestenfalls im Kühlschrank. Erst bei Bedarf werden diese Lebensmittel hervorgeholt.

**5**. Würstchen und Geflügel müssen immer gut durchgebraten werden.

**6**. Beachten Sie generell die Angaben des Herstellers Ihres Grillgeräts.

**7**. Beim Vorbereiten des Grills ist Geduld gefragt – eine gute Glut benötigt 20–40 Minuten bis zur optimalen Grilltemperatur. Beim Elektrogrill werden Sie weitaus schneller mit dem Grillvorgang starten können.

**8**. Die Art des Grills ist ausschlaggebend für die Grillzeit – ein Kamingrill erzeugt bei weitem mehr Hitze als ein offener Campinggrill.

**9**. Halten Sie einen Deckel für Notfälle bereit, löschen Sie aber niemals mit Wasser, da der dabei entstehende Wasserdampf schlimme Verbrennungen verursacht.

**10**. Ein Bratenthermometer ist für große und dicke Fleischstücke besonders hilfreich, da der gewünschte Gargrad einfachst festzustellen ist. So können Sie auf den Punkt genau garen.

Nähere Informationen finden Sie auf unserer Tabelle:

| Fleisch & Gewicht | Garstufe | Ges. Anbratzeit in der Pfanne | Garzeit im Ofen | Kerntemperatur |
|---|---|---|---|---|
| **Roastbeef**, ca. 1 kg | blutig | ca. 10 Minuten | 1,5–2 Stunden | 50 °–55 °C |
| **Roastbeef**, ca. 1 kg | am Punkt gebraten | ca. 15 Minuten | 1,5–2 Stunden | 55 °–60 °C |
| **Rindsfilet**, ca. 1 kg | blutig | ca. 5 Minuten | 1,5–2 Stunden | 50 °–55 °C |
| **Rindsfilet**, ca. 1 kg | am Punkt gebraten | ca. 10 Minuten | 1,5–2 Stunden | 55 °–60 °C |
| **Lammhüfte**, ca. 200 g | am Punkt gebraten | ca. 5 Minuten | 1,5–2 Stunden | 55 °–60 °C |
| **Schweinsfilet**, ca. 400 g | am Punkt gebraten | ca. 5 Minuten | 1,5–2 Stunden | 60 °–65 °C |
| **Kalbsfilet**, ca. 600 g | am Punkt gebraten | ca. 5 Minuten | 1,5–2 Stunden | 60 °–65 °C |

## Niedertemperatur-Garen

Unter dem Begriff „Niedertemperatur-Garen" versteht man eine Garmethode für Fleisch, bei der das Fleisch bei besonders niederer Temperatur (ca. 80 °C) langsam gegart wird.

Für das Niedertemperatur-Garen eignen sich besonders große und zarte Fleischstücke vom Rind, Schwein, Kalb und Lamm. Auch große ganze Fische wie bspw. Lachs eignen sich für das Garen bei Niedertemperatur. Geflügel eignet sich nur bedingt. Ungeeignet sind Kurzgebratenes und Gemüse.

Der Vorteil beim Niedertemperatur-Garen ist, dass es zu sehr geringen Bratverlusten kommt (ca. 5 % im Vergleich zu ca. 30 % bei normalem Verfahren) und das Fleisch auch wesentlich weniger Saft verliert. Durch die schonende Garung bleibt das Bratenstück auch zarter. Beim Niedertemperatur-Garen bleibt der Braten also saftig, zart und man bekommt mehr Portionen aus einem Fleischstück als bei der konventionellen Bratmethode. Bratenstücke lassen sich auch über mehrere Stunden problemlos warm halten, ohne dass ein Qualitätsverlust auftritt. Das Fleisch bleibt im Niedertemperatur-Ofen stets optimal auf den Punkt genau gebraten und jederzeit servierbereit.

## Vorgehensweise

- Das Fleisch muss gut abgehangen sein.
- Das Fleisch rundherum scharf anbraten, damit sich die Poren schließen und beim anschließenden Niedertemperatur-Garen kein Fleischsaft mehr austreten kann.
- Den Ofen auf ca. 80–90 °C vorheizen und das Fleisch hineinlegen. Dadurch gart das Fleisch ganz langsam bei einer Umgebungstemperatur von 70–80 °C und der Fleischsaft zirkuliert im ganzen Stück.
- Nach Beendigung der Garzeit hat das Fleischstück eine Kerntemperatur von 68–78 °C. Dadurch bleibt der Fleischsaft im Fleisch und verdunstet nicht wie bei der konventionellen Methode, bei der die Kerntemperatur meistens über 100 °C liegt.

Wichtig beim Niedrigtemperatur-Garen ist ein zuverlässiger Fleischthermometer, damit man die Kerntemperatur des Fleisches ablesen kann. Dies ist besonders wichtig bei Stücken die rosa gebraten werden sollen, wie z. B. Roastbeef oder Filet.

Moderne Backöfen sind auch schon mit Temperaturfühlern ausgestattet, die die Ofentemperatur je nach Kerntemperatur regeln.

Weiters ist wichtig, dass das Fleisch bereits beim Anbraten Zimmertemperatur hat, es muss also ½–1 Stunde vor dem Anbraten aus dem Kühlschrank geholt werden. Wird es erst kurz vor dem Anbraten aus dem Kühlschrank geholt, hat das Fleisch auch nach dem Anbraten im Kern noch Kühlschranktemperatur. Die Garzeit im Niedertemperatur-Ofen verlängert sich also entsprechend.

# *Wichtiges Zubehör zum Grillen und Barbecue!*

**Nicht jedes Grillzubehör ist zum Hantieren am Grill wirklich geeignet. Optimal sind Arbeitsgeräte mit langen Griffen und Thermoschutz.**

**Wichtigstes Grillzubehör:**

1. Ein Grillhandschuh bietet Ihnen optimalen Schutz vor der Hitze und Sie können auch heiße Gegenstände bedenkenlos greifen.

2. Ein Küchenwecker ist immer wieder sinnvoll, da Sie die Garzeiten besser kontrollieren können und auch an das Wenden erinnert werden.

3. Eine Grillbürste ist zum Reinigen des Grillrostes wirklich unentbehrlich. Ideal ist eine Bürste mit rostfreien Messingborsten – diese ist langlebig und hat optimale Reinigungseigenschaften.

4. Eine Grillzange ist das richtige Werkzeug zum Wenden des Grillguts – verzichten Sie am besten auf eine Fleischgabel, so kommen Sie nicht in die Verlegenheit, das Grillgut anzustechen.

5. Ein Bratpinsel mit Naturhaarborsten ist geeignet um Marinaden auf das Grillgut aufzutragen.

6. Ein Bratenthermometer ist für große und dicke Fleischstücke besonders hilfreich, da Sie den gewünschten Gargrad einfachst feststellen können. So können Sie auf den Punkt genau garen und mit Hilfe unserer Gargrad-Tabelle das bestmögliche Ergebnis erzielen.

## Was kann man grillen?

**Welche Fische lassen sich grillen?**
Süßwasserfisch, Meeresfisch, Meeresfrüchte, Schalentiere und Krustentiere – fast alle Fische lassen sich grillen.

**Fische aus dem Waldviertel:** Forelle, Hecht, Saibling, Lachsforelle, Zander, Schleie, Karpfen.

TIPP Wenn die Lachsforelle orangefarbene Flecken aufweist, wurde sie mit Beta-Carotin gefüttert. Somit handelt es sich nicht um eine echte Lachsforelle!

**Welche Gemüsesorten lassen sich grillen?**
Paradeiser, Zucchini, Paprika, Melanzani, Zwiebel, Karotten, Erdäpfel (dünn geschnitten), Kohlrabi, Kürbis, Topinambur.

**Welche Gemüsesorten sollten zuerst blanchiert (vorgekocht) werden, bevor man sie grillt?**
Brokkoli, Karfiol, Rote Rüben, Fisolen.

**Welche Obstsorten lassen sich grillen?**
Apfel, Birne, Marille, Zwetschke, Banane, Kiwi, Erdbeere.

## Marinaden

Grillmarinaden sind schnell zubereitet und machen das „Gegrillte“ besonders schmackhaft. Man sollte rechtzeitig mit dem marinieren beginnen, da in der Regel das Fleisch etwa 2–3 Stunden in der Marinade eingelegt werden sollte, bevor es auf den Grill kommt. Die Marinaden können noch mit Wein, Tomatenmark, Senf usw. verfeinert werden. Eine kleine Auswahl an leckeren Marinaden finden Sie hier:

### Barbecue

Zutaten: **2 zerdrückte Knoblauchzehen, 4 EL Honig, 2 EL Ketchup, 3 EL Zitronensaft 4 EL Weinessig, 1 TL Zucker, 5 EL Sojasoße**

### Amerikanische Marinade

Zutaten: **1 feingehackte Zwiebel, 4 EL Öl, 2 EL Essig, 4 EL Orangensaft, 4 EL Ketchup, 1 TL Worchester Sauce, 1 Spritzer Tabasco**

### Sour cream

Zutaten: **250 g Topfen, 100 g Creme fraîche ½ Zwiebel fein gewürfelt, frische Kräuter (Petersilie, Schnittlauch, etc.) 1 Knoblauchzehe fein gehackt oder gepresst, 1 ½ EL Essig, ½ EL Zucker, ½ TL Salz, ¼ TL Pfeffer**

Für diese Marinaden eignen sich Fleischsorten, wie Pute, Kaninchen, Schweinefleisch & Rindfleisch.

# *Rezepte zum Marinieren für Gegrilltes*

## *Australische Sesam-Marinade*

Für 4 Steaks

Zutaten: **1 EL Sesam anrösten, mit 1/8 l neutralem Öl, je 1 EL flüssigem Honig und Zitronensaft** mischen.

**Zubereitung:** Steaks 12 Stunden marinieren. Für das Aroma eine halbierte Knoblauchknolle und 1 Bund Rosmarin auf den geölten Grill geben. Neben den Steaks können Maiskolben, Chicorée und Zwiebelringe mitgegrillt werden.

## *Chili-Honig-Marinade*

Für ca. 1 kg Fleisch

Zu Spareribs, Hühnerflügerl, Hühnerbrust

Zutaten: **200 ml flüssigen Honig, 2 TL Sambal Oelek, 1 EL Sesamöl und 6 EL Sojasauce** verrühren.

**Zubereitung:** Fleisch über Nacht marinieren.

## *Basilikum-Zitronen-Marinade*

Für ca. 1 kg Lachs- und Thunfischfilets

Zutaten: **2 Bund Basilikum grob hacken mit 20 g geriebenem Ingwer, Schale und Saft 1 Zitrone, 1 EL grob zerstoßenen rosa Beeren, 150 ml Olivenöl und Salz** mischen.

**Zubereitung:** Über Nacht marinieren.

## *Rotwein-Pfeffer-Marinade*

Für 4 bis 6 Stücke Steaks, Koteletts, Rippchen

Zutaten: **3 EL Tomatenmark, 1 EL eingelegten Grünen Pfeffer, 1 TL Dijon-Senf, 1 EL Sojasauce, 4 EL Olivenöl, 1/4 l tr. Rotwein, Salz** mischen.

**Zubereitung:** Fleisch 10 Stunden marinieren.

## *Ahorn-Soja-Marinade*

Für ca. 1,5 kg Spareribs

Zutaten: **4 gehackte Knoblauchzehen, je 100 ml Ahornsirup und Sojasauce, 50 ml Ketchup, 2 gehackte Zwiebeln, 2 TL Salz, 6 EL Balsamico Bianco, 4 TL körnigen Senf und 4 EL Paprikapaste** mischen.

**Zubereitung:** Mindestens 5 Stunden marinieren. Spareribs beim Grillen ständig bestreichen.

## *Koriander-Pfeffer-Marinade*

Für 6 Filetsteaks

Zutaten: **2 EL schwarze Pfefferkörner und 1 EL Korianderkörner grob zerstoßen, mischen mit 1 TL Garam Masala, 60 ml neutralem Öl und 1 zerdrückten Knoblauchzehe.**

**Zubereitung:** Über Nacht marinieren. Dazu Knoblauchbutter servieren.

## *WOK KOCHTIPPS & TRICKS:*

Alle Zutaten vor dem Garen putzen und in gleich große Stücke schneiden, um möglichst eine gleiche Garzeit zu erzielen.

Warten Sie immer bis das Öl im Wok ganz heiß ist (fast raucht), bevor Sie die Zutaten hineingeben. Zutaten immer bei starker Hitze nur kurz erhitzen. Wenn Sie Zutaten mit unterschiedlichen Garzeiten verwenden, immer diejenigen mit der längeren Garzeit zuerst in den Wok geben, nach und nach die anderen beimengen.

Das bestgeeignete Öl ist das Erdnussöl, das chinesische Köche gerne verwenden. Selbst hochgradig erhitzt, verbrennt bzw. qualmt es nicht. Sojabohnen-, Sonnenblumen- bzw. Maiskeimöl können ebenfalls genommen werden. Suchen Sie sich Ihren Lieblingsgeschmack aus, aber verwenden Sie niemals Olivenöl für das Garen im Wok! Schmalz, Butter, Margarine und Bratfett sind ebenfalls ungeeignet.

Beim Wok ist es besonders wichtig, kontinuierlich umzurühren, damit alle Zutaten mit dem Wokboden in Berührung kommen und nicht anbrennen.

Wenn das Gericht im Wok zu trocken wird und zusammenbacken sollte, geben Sie kein Öl hinzu sondern einige Suppenlöffel Wasser, die erfüllen den gleichen Zweck und das Gericht wird nicht zu ölig.

Garen Sie die Zutaten nie zu lange, damit das Gemüse bissfest wird und seine frische Farbe behält.

Wenn das klein geschnittene Fleisch in Sesamöl, Sojasauce etc. mariniert wird, bestäuben Sie es mit einer dünnen Mehlschicht, bevor Sie es in den Wok legen. Das gibt eine knusprige Oberfläche und erhält den feinen Marinadengeschmack!

# *Asiatischer Paprika-Wok*

Die Paprika, Shitakepilze und Frühlingszwiebeln in Streifen schneiden.

Paprika und Jungzwiebel zusammen mit der Knoblauchzehe, dem Chili und braunem Zucker rundherum in Erdnussöl glasig braten. Dann Ingwer, Bambus und Pilze zugeben, ebenfalls mitbraten. Mit Sojasauce und dem Gemüsefond ablöschen. Kurz aufkochen und mit dem Thai-Basilikum vermengt servieren.

Zutaten für 4 Personen:

**1 grüner Paprika**
**1 roter Paprika**
**1 gelber Paprika**
**8 frische Shitakepilze**
**4 Jungzwiebel**
**1 Knoblauchzehe durchgepresst**
**1 grüne Chilischote entkernt, fein gehackt**
**1 TL brauner Zucker**
**1 TL Ingwer fein gehackt**
**100 g Bambus-Sprossen aus dem Glas**
**1 EL Sojasauce**
**2 EL Gemüsefond**
**etwas Erdnussöl**
**kleiner Bund Thai-Basilikum (auch normaler möglich)**

Weinempfehlung:
**Sauvigon Blanc Kabinett**
Weingärtnerei Aichinger

## *TEIGHÜLLE (PANADE, AUSBACKTEIG):*

Zutaten: **4 Eiweiß, Prise Zucker, Salz, 4 EL Stärkemehl (z. B. Maizena, ...), 4 EL Wasser**

**Die Zubereitung:**

Eiweiß, Zucker und Salz in Schüssel vermengen. Stärkemehl in ebenso viel Esslöffel Wasser auflösen und zufügen. Mit so viel Wasser nun aufgießen, bis gewünschte dickliche Ausbackteig-Konsistenz erreicht ist. Gargut im Ausbackteig wenden und sogleich schwimmend im Wok mit heißem Öl bei circa 180 °C ausbacken.

**Geeignete Gemüsearten für den Wok:** Brokkoli, Erbsen, Erdäpfel, Kohlrabi, Paradeiser, Karfiol, Kohlsprossenblätter, Zucchini, Kürbis, Paprika, Gurke, Karotten, Porree, Melanzani, Mangold, Spinat, Knollensellerie, Zwiebel, Knoblauch.

# HEISSER STEIN

Das Braten auf dem heißen Stein gehört wohl zu den ältesten Garmethoden in der Geschichte der Speisenzubereitung. Früher garte man die Nahrungsmittel auf Steinen in oder neben der Feuerstelle. Auch hat das Braten auf dem heißen Stein viele Vorzüge.

Die Gastgeber können sich ihren Gästen besser und vor allem entspannter widmen und brauchen vorher nicht lange Zeit in der Küche zu hantieren.

Der Umgang mit der Natursteinplatte ist denkbar einfach. Behandeln Sie die Natursteinplatte vor dem ersten Gebrauch, wie es vom Hersteller angegeben wird. Danach brauchen Sie den Stein nur noch aufzuheizen und schon kann es losgehen. Es wird empfohlen, den Stein auf 200–220 °C zu erhitzen. Das kann bei einem elektrischen Party- bzw. Gourmetgrillstein auf dem Gerät direkt (20–30 Minuten), oder für die Brennergeräte auf der Herdplatte bei maximaler Leistung (15–30 Minuten), oder auch am Tisch mit zwei Sicherheitsbrennern (ca. 30 Minuten) geschehen. Die Steintemperatur bleibt für ca. 30–60 Minuten erhalten, je nachdem ob Rechauds zum Warmhalten vorhanden sind.

**Wichtig: Achten Sie bei der Geräteauswahl auf einen Stein mit Saftrille rundherum.**

Zum Garen auf dem heißen Stein eignen sich Fleisch, Fisch, Geflügel, Gemüse und Obst. Jeder

Gast wählt aus dem Angebot aus, bereitet sich die Speisen selbst zu und ist so Koch und Genießer zugleich.
Beim heißen Stein werden die Lebensmittel meist kurz, ohne oder mit wenig Fett und im eigenen Saft gegart. Allenfalls kann der Stein vor Gebrauch dünn mit Öl eingepinselt werden, um ein Anbrennen zu verhindern. Auf diese Weise bleiben Vitamine, Mineralstoffe und nicht zuletzt der Geschmack weitestgehend erhalten und das Essen ist leicht und bekömmlich.

Auf dem Stein eventuell anhaftende Speisereste sollten sofort mit einem Holzspatel entfernt werden. Dann braucht der Stein nur noch mit warmen Wasser gereinigt zu werden.

Vom gebratenen Steak über Scampi bis hin zum Spiegelei – auf dem heißen Stein lässt sich fast alles zubereiten, was der Markt bietet, vorausgesetzt, es wurde „steinfertig" vorbereitet.

### *Fleisch*

Zum Kurzbraten geeignetes Fleisch kaufen, also Rumpsteaks, Filetsteaks, Filetspitzen vom Rind, aber auch Zartes von Schwein, Kalb und Lamm ist geeignet wie Filet, Schnitzel, Medaillons, Rückensteaks und Koteletts, außerdem Bratwurst und Frühstücksspeck. Die Scheiben nicht zu dick schneiden, sonst garen sie zu lange. Ein kleiner, raffinierter Gaumenschmaus sind selbst gemachte Mini-Fleischlaberl.

### *Geflügel*

Hühnerflügerl, Hühnerbrustfilets, Entenbrustfilets, Putenbrust, Truthahnschnitzel schmecken gut. Kleinere Stücke im Ganzen braten, größere Stücke klein schneiden. Alles nach Belieben schon vorher marinieren.

### *Fisch*

Empfehlenswert sind Filet oder Scheiben von Lachs, Seeteufel, Kabeljau, Seezunge, Steinbutt und anderen festfleischigen Sorten, aber auch ganze kleine Fische wie Sardinen, Garnelen, Scampi, Nordseekrabben und Tintenfische entfalten beim Kurzgrillen ihren unverfälschten Geschmack.

### *Gemüse*

Erdäpfel, Melanzani, Zucchini, Champignons, Austernpilze, Frühlingszwiebeln, Staudensellerie, Paprikaschoten, Karotten, Tomaten und Lauch eignen sich hervorragend. Gleich alles portionieren und in Scheiben oder Streifen schneiden. Fenchel, Karfiol und Broccoli am besten vorher kurz in sprudelnd kochendem Wasser blanchieren, damit sie nicht allzu lange garen müssen.

### *Eier*

Spiegeleier und Crêpes lassen sich auf dem Stein prima backen, genauso einfach wie in der Pfanne.

### *Obst*

Apfel- oder Birnenspalten, Bananenscheiben, Ananasringe, Marillenhälften – portioniert und leicht mit Zucker bestreut sind sie eine köstliche Nachspeise.

## *Öl ist nicht gleich Öl*

von Su Rihs

Der Ausspruch des Haubenkoches Alfons Schuhbeck bringt es treffend auf den Punkt. *„Die meisten Autos bekommen ein teureres Öl als sich der Mensch gönnt“*.
Tatsache ist, dass Öle eine wichtige und von den meisten unterschätzte Rolle für den Körper spielen. Das Gehirn zum Beispiel besteht zu 60 % aus Fett, wussten Sie das? Es braucht „gute“ Fette um fit und lernfähig zu bleiben.
Schon im Mutterleib haben Fette Einfluss auf die Gehirnentwicklung des Babys. Das Gehirn braucht ein Leben lang Bausteine aus der Nahrung, um neue Verbindungen bilden zu können, um Wissen, Erfahrungen, Eindrücke, ... zu speichern. Es verbraucht dabei ein Viertel aller Nährstoffe. Jemand hat *„die Weisheit mit dem Löffel gegessen“* bekommt hier einen sehr anschaulichen Gesichtspunkt.

Die Wahl des richtigen Fettes kann daher den Körper unterstützen und fördern. Es wirkt sich auf den gesamten Organismus und auf die Psyche aus.
„Schlechte Fette”, welche meist in Fertigprodukten enthalten sind, können zu den verschiedensten Erkrankungen führen.
Fettsäuren sind ebenso lebensnotwendig für die Entwicklung und Funktionsfähigkeit des Gehirns, wie auch der Netzhaut und der Spermienbildung und vielem mehr.

Bei einer Erhöhung der Aufnahme von essentiellen Fettsäuren von 12–15 % in der Ernährung wird die Stoffwechselfunktion angeregt, die Fettverbrennung gefördert und überflüssige Pfunde schmelzen dahin. Somit können Öle auch schlank machen. Besonders das **kaltgepresste Traubenkernöl** gehört zu diesen „schlank machenden“ Ölen.

**Funktionen von Fetten im Körper:**

- wichtigste Energielieferanten
- Fett ist Geschmacksträger
- Fett ist Bestandteil der Zellmembranen
- Fette sind Ausgangssubstanzen für zahlreiche biologische Verbindungen
- Schutzpolster für innere Organe und das Nervensystem
- Trägersubstanz für die Aufnahme aller fettlöslichen Stoffe (fettlösliche Vitamine A, D, E, C)

Kohlenhydrate, Eiweiße und Fette sind wichtige Energieträger des menschlichen Organismus. Fette binden und transportieren fettlösliche Vitamine und sind ein energiereicher Nährstoff.

**Es wird unterschieden in:**

- **gesättigte**
- **einfach ungesättigte**
- **mehrfach ungesättigte Fettsäuren**

Ungesättigte und mehrfach ungesättigte Fettsäuren müssen unserem Körper über die Nahrung zugeführt werden und sind essentiell, also lebensnotwendig. Diese essentiellen Fettsäuren findet man hauptsächlich in pflanzlichen, kaltgepressten Ölen und Fisch. Besonders in **kaltgepresstem Traubenkernöl** finden sich über **90 % der essentiellen Fettsäuren**. Daher ist dieses Öl ernährungsphysiologisch gesehen eines der wertvollsten. Kein anderes bekanntes Öl besitzt einen so hohen Anteil!

**Überwiegend gesättigte Fettsäuren:**
**Kokosfett, Palmfett, Butter, Schmalz und gehärtete Fette, auch warmgepresste Öle**
Gesättigte Fettsäuren sind eher reaktionsträge und dienen dem Aufbau von Unterhautfettgewebe. Ein Zuviel kann den Cholesterinspiegel erhöhen.
Gesättigte Fettsäuren zeichnen sich meist durch eine feste Konsistenz aus und kommen überwiegend in tierischen Produkten vor.

Versteckte gesättigte Fettsäuren nimmt man unbewusst mit dem Fleischverzehr zu sich. Liegt ein Überangebot an gesättigten Fettsäuren vor, werden diese in den Fettzellen gespeichert und legen sich besonders gerne an Bauch, Po und Hüften an. Milliarden bis Billiarden Triglyzeride sitzen in den überschüssigen Fettpolstern. Die Anzahl wird schon während der Kindheit festgelegt!

**Überwiegend einfach ungesättigte Fettsäuren:**
**Olivenöl, Rapsöl**

**Überwiegend zweifach ungesättigte Fettsäuren:**
**Sonnenblumenöl, Distelöl, Maisöl, Sojaöl**

**Überwiegend mehrfach ungesättigte Fettsäuren:**
**Leinöl, Fischöl, Walnussöl, Mohnöl, 75 % in Traubenkernöl!**
Mehrfach ungesättigte Fettsäuren können das „schlechte" LDL-Cholesterin und die Triglyzeridwerte senken, ohne das gefäßschützende „gute" HDL-Cholesterin zu reduzieren.

**Bei zu wenig essentiellen Fettsäuren kann es zu:**

- Hypernervosität
- hormoneller Unausgeglichenheit
- verminderter Wundheilung
- verlangsamtem Zellwachstum
- Haarverlust
- Anfälligkeit für Infektionen
- trockener Haut
- Bluthochdruck
- Neurodermitis
- Schuppenflechte
- Herz-Kreislaufproblemen
- eingeschränktem Leberstoffwechsel (führt zu hohen Cholesterinwerten)

... kommen.

Ein Mangel an essentiellen Fettsäuren, Vitamin E und C kann häufiger Auslöser einiger tödlicher Krankheiten sein, wie wissenschaftliche Studien und Mediziner beweisen.

Ein Fett, das bei ca. 18 °C flüssig ist, wird als Öl bezeichnet. Generell kann man sagen, je mehr ungesättigte Fettsäuren enthalten sind, desto flüssiger ist die Konsistenz, je mehr gesättigte Fettsäuren umso fester das Fett.
Im Durchschnitt essen Erwachsene 100–130 g Fett pro Tag, wobei nur 80 g empfohlen werden. Das meiste wird als unsichtbares Fett in Speisen aufgenommen, wie aus Fleisch, Wurst, Käse, Mehlspeisen, ...

Es wird empfohlen 40 g Fett / Tag zu sich zu nehmen, da in der Nahrung noch Fette versteckt sind. 80 g Fett isst man z. B. mit **100 g Kartoffelchips oder bei 10 dag Salami = Tagesbedarf!**

## *Ölgewinnung*

Wenn wir die verschiedenen Herstellungsverfahren betrachten wird schnell klar, welche Ölgewinnung noch möglichst „naturnah" und für den Körper am wertvollsten ist.

Man unterscheidet grob zwischen einem rein **mechanischen Vorgang**, der „Kaltpressung" und einem **chemischen Verfahren**, der „Raffination".

## *Raffinierte Öle*

Raffination heißt chemische Reinigung. Diese Öle werden durch unterschiedliche chemische und mechanische Verfahren gereinigt, entschleimt, entsäuert, entfärbt und von den Gerüchen befreit, um eine optimale wirtschaftliche Ausnutzung zu gewährleisten. Die Ölausbeute liegt bei diesem Verfahren bei ca. 99 %. Bei Bioölen ist der Einsatz von chemischen Lösungsmitteln zur Erhöhung der Ölausbeute nicht erlaubt!

## *Kaltgepresste Öle*

Diese Öle tragen die Aufschrift „kaltgepresst",„aus erster Pressung" oder „kaltgeschlagen".
Für diese Art der Pressung werden „Stempel-" oder „Schneckenpressen" verwendet.

Das gewonnene Öl bleibt oft völlig naturbelassen und klärt sich nur durch das natürliche Absinken der Trübstoffe (Sedimentation). Anschließend wird es meist in dunkle Flaschen abgefüllt. Die Ölausbeute liegt hierbei jedoch nur bei ca. 40–60 %. Daher wird von der Wirtschaft das chemische Verfahren bevorzugt, da hier der Profit wesentlich höher ist.

Für den Einsatz in der heißen Küche werden raffinierte Öle aufgrund ihrer thermischen Stabilität allerdings bevorzugt.

Das **kaltgepresste Traubenkernöl** bildet hier eine Ausnahme. Es eignet sich hervorragend auch für die warme Küche, da es im Gegensatz zu anderen Ölen bis ca. 190 °C hitzebeständig ist.

Kaltgepresste Öle besitzen die Summe der bioaktiven Wirkstoffe. Sie sind am Geruch, Geschmack und an der Farbe von anderen Herstellungsverfahren zu unterscheiden.

# HERBST

September – Oktober – November

GÄRTNERREGEL:
EIN HERBST DER GUT UND KLAR,
IST GUT FÜR DAS KOMMENDE JAHR.

# Das Wichtigste für Ihren Naschgarten von September bis November

## September

**Gärtnerregel: Lamberti (17. 9.) nimm die Kartoffeln heraus, doch breite ihr Kraut auf dem Felde aus.**

### Gemüsegarten

Nachdem die Nächte schon kühl werden können, sollten die kälteempfindlichen Sorten wie Paradeiser, Gurke, Zucchini, Paprika bei kalter Witterung mit einer Folie abgedeckt werden. Um den Herbst- und Winterbedarf zu decken, eignen sich jetzt Feldsalat und Spinat zur Aussaat, auch Frühlingszwiebel können ausgepflanzt werden. Legen Sie sich doch jetzt ein Hügel- oder Hochbeet an. Dann können Sie das Beet im nächsten Frühjahr schon nützen.

**Der Anpflanz- und Ernteplan:** Säen Sie im Frühbeet Vogerlsalat um auch im Winter noch von frischem Salat profitieren zu können. Ernten können Sie nach wie vor Kapuzinerkresse, Rucola und Gurke. Nun ist auch Mangold erntefrisch. Melanzani können Sie bis zum Frostbeginn ernten.

### Obstgarten

Die Apfel- und Birnenernte ist Ende des Monats abgeschlossen. Legen Sie die Früchte die nicht für den Verzehr geeignet sind für Wildtiere, wie Igel und Vögel bereit – Sie werden es Ihnen danken.

Wenn Sie Ihr Obst über den Herbst und Winter lagern wollen, achten Sie darauf, dass diese beim Einlagern trocken sind. Legen Sie die Äpfel und Birnen in einen dunklen Raum oder Keller nebeneinander auf Zeitungspapier, sodass sie sich gegenseitig nicht berühren. Ernten Sie das Obst, wenn möglich kurz vor oder nach Vollmond (2 Tage), denn da ist das Obst sehr aromatisch und gut lagerfähig. Auch der Holunder trägt schon seine Früchte und ist erntereif. Aus diesen außergewöhnlich gesunden Beeren können Sie viele Köstlichkeiten zubereiten.

## Oktober

**Gärtnerregel: Zu Ende Oktober Regen, bringt ein fruchtbar Jahr zuwegen.**

### Gemüsegarten

Nun werden die meisten Gemüsesorten geerntet und im Keller eingelagert. Anfang Oktober ist die letzte Gelegenheit Spinat und Wintersalat zu pflanzen. Die anderen Gemüsesorten, die Sie später gepflanzt haben, sollten unbedingt mit einer klaren Folie oder Vlies abgedeckt werden um die Reifezeit zu verkürzen. Karotten und Rote Rüben vertragen Frost und können somit länger im Freien bleiben. Kürbisse und Zucchini sollten Sie aber auf jeden Fall vor dem ersten Frost ernten. Werden Sie vom Frost überrascht, holen Sie diese so bald wie möglich ins Haus. Bei richtiger Lagerung halten sie noch eine ganze Weile.

**Der Anpflanz- und Ernteplan:** Frisch aus dem Garten kommen nun Zwiebel, Kürbis, Radicchio, Karfiol und Vogerlsalat. Die letzte Ansaat betrifft Vogerlsalat, Rucola und Spinat.

### Obstgarten

Mitte Oktober ist eine gute Zeit um Obstbäume und Beerensträucher neu zu pflanzen oder umzusetzen. Die Ausnahme sind die Wärmeliebenden, wie Pfirsich, Marille und Quitte, diese sollten Sie eher im Frühling pflanzen.
Die Veredelungsstelle (Knoten nach den Wurzeln in Richtung Stamm) der Obstbäume sollte zwischen 10 und 15 cm aus der Erde herausragen. Viele Obstsorten werden auf ganz spezielle Unterlagen veredelt um entweder den Wuchs oder die Widerstandsfähigkeit der Sorten zu gewährleisten. Bei zu tiefer Pflanzung können die veredelten Teile Wurzeln schlagen und die Unterlage abstoßen.

Die Beerensträucher sollten über den Winter leicht angehäufelt werden. Um Obstbäume vor Frostrissen und Schädlingsbefall zu schützen, können die Stämme mit Kalk angestrichen werden.

Nüsse sind bereit geerntet zu werden, sobald sie ihre grüne Schale verloren haben. Legen Sie die Nüsse aber unbedingt zum Trocken in die Sonne bevor Sie diese einlagern.

## November

***Gärtnerregel: Blüh'n im November die Bäume auf's neu, so währet der Winter bis zum Mai.***

### Gemüsegarten

Der frei gewordene Boden wird nun umgegraben, aufgelockert und mit Mist gedüngt. Karotten, Rote Rüben, Pastinaken oder Sellerie können Sie im Sand einschlagen. Das letzte abgeerntete Gemüse kann eingelagert werden. Der Lagerraum, am besten ein Keller, sollte 1–5 °C und eine Luftfeuchtigkeit von 80–90 % haben. Den Schnittlauch im Herbst in sandig-humose Erde eintopfen und einige Frosttage ins Freie stellen. Danach schlagen Sie den Topf im Keller ein und holen ihn nach einigen Tagen ins warme Haus. Dann beginnt er zu treiben und Sie haben auch im Winter Ihren frischen, biologischen Schnittlauch.

### Obstgarten

Achten Sie bei frisch gepflanzten Obstbäumen auf genügend Wasser.

Mit Pilzkrankheiten (wie Sternrustau) befallene Blätter sollten nicht unter dem Baum liegen bleiben und auch nicht im Kompost verwerten werden, da diese Pilzsporen im kommenden Jahr wieder auf die frischen Blätter gelangen könnten.

**Jetzt im Herbst wird der Garten zum Schlaraffenland. Die Erntezeit ist reicher Lohn Ihrer Arbeit und Energie, die Sie das ganze Jahr über in Ihrem Garten investiert haben. Sie werden jetzt auch merken, dass Sie entspannter sind. Die tägliche „Erdung" die Energieströme im Körper fließen lässt und Körper, Geist und Seele im Einklang schwingen.**

## Der Lohn für aktives Gärtnern!

Es ist schön die Früchte und das Gemüse einer Saison zu ernten, zu verarbeiten oder zu konservieren damit auch im Winter Vitamine und Nährstoffe unseren Körper schützen.

Wenn Sie den Pflanz- und Ernteplan vom Frühling und Sommer konsequent durchgeführt haben und auch das Wetter auf Ihrer Seite ist, dann sollte jetzt im Herbst Ihr Gemüsegarten, Bauerngarten oder die Hochbeete reich an Gemüse und Obst sein.

Wintergemüse wie Salat, Vogerlsalat (Feldsalat), Spinat und Rucola können im Herbst noch angebaut werden (siehe Plan Seite 16).
Diese sind entweder im Spätherbst noch zu ernten oder zu überwintern. Wenn Sie diese mit Folie oder einer Glasplatte schützen, dann kann ab Anfang Februar frisch geerntet werden.

Aber vorher wenden wir uns noch dem Gemüse aus unserem Naschgarten zu, das jetzt reif geworden ist.

## Damit wir uns auch im Winter erfreuen!

Paradeiser, die auf Grund der kühleren Nächte nicht mehr reifen können, ernten Sie unreif ab und stellen sie entweder im Kistchen am Fenster in die Sonne zum Nachreifen, oder verwenden sie diese als grüne Früchte in Salaten, oder legen sie in Essig und Öl ein und konservieren sie zum Kochen im Winter.
Karotten, Petersilie und Sellerie – das Wurzelgemüse – kurz vor dem ersten starken Frost (kleine Nachtfröste schaden nicht) aus dem Boden herausnehmen und in Holz- oder Kunststoffkisten mit Sand – mit den

Wurzeln nach unten, ist nicht immer selbstverständlich – einschlagen. Das Grün des Selleries und der Petersilie dabei soweit entfernen, dass nur das Herzstück an der Knolle bzw. Rübe verbleibt. Stellen Sie nun diese Kisten in einen frostfreien aber kalten Raum und halten Sie den Sand leicht feucht – Vorsicht nicht zu nass, da sonst das Gemüse verfault. Endiviensalat, Porree und auch Sprossenkohl kann hingegen in milden Wintern draußen bleiben. Optimal ist es, wenn diese Gemüsearten mit Wurzeln ausgegraben und an einer geschützten Stelle im Naschgarten eingeschlagen werden. Ein kleiner, selbstgebauter Folientunnel schützt die Pflanzen und erleichtert die Ernte im Winter.

## *Anschauen – Erfahrung einbringen – neu gestalten!*

Jetzt im Herbst sollten Sie auch überlegen: **Ist mein Gemüsegarten groß genug, wie viel Platz brauche ich um meine Familie das ganze Jahr mit Gemüse zu versorgen?** (Siehe Seite 11)

TIPP Bei uns, in den Kittenberger Erlebnisgarten in Schiltern bei Langenlois im südlichen Waldviertel, befinden sich jeweils ein Nasch- und Gemüsegarten. Im Bauerngarten zeigen wir wie man auf einer Fläche von ca. 80 m² mit ansprechender Optik, aber trotzdem funktionell, Obst, Gemüse und Kräuter für den täglichen Verzehr produzieren kann. Aber auch wieviel Spaß man beim Gärtnern haben kann.

## *Von der Baustelle zum Naschgarten!*

Bei einer Neuanlage, aber auch bei einem bestehenden Gemüsegarten muss bewusst sein, dass im Herbst bereits der Grundstein für ein erfolgreiches nächstes Gartenjahr gelegt wird. Der Boden ist das Wichtigste in Ihrem Garten, er ist die „Mutter der Natur", so wie wir ihn behandeln so wird er uns auch mit Früchten beschenken.

Achten Sie auf Ihren Boden. Bauarbeiten sind notwendig, aber heben Sie vorher den Oberboden ab und lagern ihn dort, wo keine Baumaßnahmen sind. Nach der Bautätigkeit lassen Sie am besten mit den

Baufahrzeugen die Bodenverdichtung wieder auflockern und bringen den guten Oberboden in einer Schichtstärke von mindestens 30 cm wieder auf.

## *Unser Gartenboden als Energiespeicher!*

Achten Sie in Ihrem Gemüsegarten darauf, dass sich die Bodenschichten niemals vermischen. Ein tiefgründiges Lockern des Bodens ist notwendig jedoch Vorsicht beim Wenden des Bodens.

Ist Ihr Boden hart wie Stein und trocknet er im Sommer immer wieder extrem aus, so ist das ein Zeichen dafür, dass wichtige Bestandteile in diesem Boden fehlen. Jeder gute Gartenboden muss Wasser und Nährstoffe speichern können. Weiters genügend Bodenluft haben um überschüssiges Wasser abzutransportieren und Wärme in den Boden aufnehmen zu können. Dazu benötigt jeder Boden einen Anteil Humus als Nährstofflieferant, einen Teil Sand als Drainagierung und Wärmespeicherung und einen Teil Ton als Speicher für Wasser und Nährstoffe (Energie). In der Fachwelt spricht man von „Ton Humus Komplex". Fehlt einer dieser Teile so ist ein Wachstum fast unmöglich.

Wie können Sie in Ihrem Garten feststellen ob Ihrem Boden etwas fehlt?

Nehmen Sie im Herbst eine Grabgabel und stechen Sie in den Boden. Heben Sie die Gabel auf und lassen Sie die Erde fallen: ist dies gar nicht möglich weil der Boden zwischen den Zähnen der Gabel durchfällt und sieht er wie ein Sandhaufen aus, dann fehlt mit Sicherheit Ton. Bringen Sie in diesem Fall Lehm ein. Bleibt ein großer Erdschollen liegen, der nur mit großer Mühe zerschlagen werden kann und wenn Sie ihn mit der Hand aufnehmen dann riecht er ein

bisschen modrig bzw. faulig, dann fehlt Bodenluft und Sie sollten Sand einbringen.
Ist im Sommer das Gemüse nicht gut gewachsen, und keine schönen ausgeformten und dunkelgrünen Blätter entstanden, so fehlt eindeutig die richtige Nahrung, der Kompost, denn auch wir können nicht nur von Wasser leben.

Wenn Sie Ihre Analyse abgeschlossen haben, sollten Sie jetzt im Herbst die notwendigen Zuschlagstoffe in den Boden einbringen und mit einer Grabgabel in den obersten 20–30 cm des Erdbodens einarbeiten. Die aufgelockerte Oberfläche dabei grob liegen lassen, damit im Herbst und Winter Feuchtigkeit in den Boden eindringt und der Frost hilft eine gute Krümelstruktur zu erhalten.

## *Weniger ist mehr!*

Für unsere Kräuter, Stauden und Rosen in unserem Naschgarten ist im Spätherbst die beste Zeit um „fast nichts zu tun“. Die Rosen ein bisschen einkürzen damit die Triebe im Winter nicht unter der Schneelast abbrechen. Laub, das jetzt im Herbst in Massen in unseren Gärten vorhanden ist, als Winterschutz verwenden. Im Spätherbst, also Ende November – Anfang Dezember, können Sie dieses Laub in einer Schicht von bis zu 20 cm auf alle Kräuter, bei Lavendel zwischen den Pflanzen, und auf alle winterharten Stauden und Blumen geben. Diese Schicht ist nicht nur ein besonders guter Winterschutz, sie bietet auch allen unseren Nützlingen – Insekten – Igel usw. ein besonderes Winterquartier. Darüber hinaus ist diese Mulchschicht ein natürlicher Schutz vor Austrocknung und zu starker Frosteinwirkung. Kleines Laub rottet über den Winter ab und kann als natürlicher Nährstoff und Humuslieferant im Boden eingearbeitet werden.

**GÄRTNER-TIPP**

WENN SIE IM JÄNNER FRISCHEN SCHNITTLAUCH ERNTEN WOLLEN, SOLLTEN SIE JETZT IM HERBST EINIGE SCHNITTLAUCHPFLANZEN AUSGRABEN, WURZELBALLENGRÖSSE MAXIMAL 10 X 10 CM, DIESE AUF EINEN ALTEN KARTON LEGEN (DAMIT DER BALLEN NICHT AUF DEM UNTERGRUND ANFRIERT) UND IM GEMÜSEBEET LIEGEN LASSEN. NACH EINIGEN FROSTTAGEN DIE WURZELSTÖCKE IN EINEN TOPF MIT GARTENKOMPOST EINTOPFEN UND AUF DAS FENSTERBRETT STELLEN. NACH KURZER ZEIT (CA. 1 WOCHE) WIRD DER SCHNITTLAUCH ANTREIBEN UND SIE KÖNNEN IHRE SPEISEN FRISCH VERFEINERN.

# Farbenfrohe Herbstgerichte

- Eierschwammerlsalat mit Topinambur und Erdmandelöl
- Gelbe Linsenschaumsuppe mit Birne und Thymiancrostini
- Geeiste Gurkensuppe mit Minze und Sauerrahm
- Kürbisgnocchi mit Salbeibutter und Bergäse
- Gebratener Hirschkalbsrücken mit Erdäpfelwürfeln, Pilzen und Lauch
- Gebratene Freilandhendlbrust mit Apfel und Vanillegraupen
- Erdäpfelküchlein mit Brokkoli und Pinienkernen
- Lachstimbale mit Sesamfenchel
- Zwetschken Tarte-tatin mit gebrannten Mandeln und Fichtenwipferlhonig
- Paradeissalat „Deluxe“
- Dirndl Chutney

sehr anspruchsvoll

Zutaten für 4 Personen:
**300 g Eierschwammerl**
**(klein, fest und geputzt)**
**2 EL Olivenöl**
**1 EL Weißweinessig**
**Salz, weißer Pfeffer**
**1 EL gehackte Petersilie**
**4 mittelgroße Topinambur-knollen**
**Raffiniertes Traubenkernöl zum Frittieren**
**1 EL Olivenöl**

**100 g Rucola**
**100 g Vogerlsalat**
**1 EL schwarzer Balsamico Essig**
**1 EL Erdmandelöl oder Olivenöl**

**Material:**
Sparschäler
Küchentuch

Weinempfehlung:
**Chardonnay**
Bio Musterweingut Loimer

# *Eierschwammerlsalat mit Topinambur und Erdmandelöl*

**Die Zubereitung:**
Die Eierschwammerl je nach Größe halbieren, vierteln oder im Ganzen belassen. 1 Esslöffel Olivenöl in einer Pfanne erhitzen und die Pilzstücke darin nicht zu dunkel rösten, dabei die Pfanne des öfteren kräftig schwenken.
Mit Salz und weißem Pfeffer würzen, mit Weißweinessig ablöschen und kurz einreduzieren lassen. Petersilie beigeben und mit dem restlichen Olivenöl beträufeln und kaltstellen.
Währenddessen die Topinamburknollen waschen, abtrocknen und mit dem Sparschäler feine Scheiben schälen.
Das Traubenkernöl für die Topinambur-Scheiben auf circa 170 °C erhitzen und diese darin knusprig frittieren. Anschließend auf einem Küchentuch abtropfen lassen.

Die Salate waschen und putzen, danach mit 1 Esslöffel Olivenöl und schwarzem Balsamico marinieren.
Den Salat mit den Pilzen auf einem Teller anrichten, mit den knusprigen Topinambur-Scheiben garnieren und mit dem Erdmandelöl vollenden.

## GÄRTNER TIPP

TOPINAMBUR EIGNET SICH NICHT NUR IN DER KÜCHE, SONDERN IST AUCH EINE WUNDERSCHÖNE SONNENBLUME MIT GELBEN BLÜTEN, DIE IHREN GARTEN DEKORATIV GESTALTET. SIE KANN EINE HÖHE VON ÜBER 3 M ERREICHEN UND IST SOMIT AUCH GLEICHZEITIG ALS SAISONALER SICHTSCHUTZ GEEIGNET. ABER VORSICHT, DIE PFLANZEN VERMEHREN SICH STARK UND SIND FAST NICHT MEHR WEGZUBRINGEN.

**GÄRTNER TIPP**

LINSEN KENNEN DIE MEISTEN ALS GETROCKNETE KERNE IN GELB, SCHWARZ, BRAUN, ROT ODER GRÜN. DIESE GIBT ES ABER AUCH IN VERSCHIEDENEN GRÖSSEN. DOCH MAN SAGT: „JE KLEINER, DESTO BESSER DER GESCHMACK“.

# *Gelbe Linsenschaumsuppe mit Birne und Thymiancrostini*

anspruchsvoll

Zutaten für 4 Personen:
**100 g gelbe Linsen**
**4 Schalotten**
**2 Knoblauchzehen**
**60 ml Weißwein**
**60 ml Birnensaft**
**3 EL Butter**
**500 ml Gemüsefond (Seite 32)**
**200 ml Rama Cremefine zum Kochen**

**1 Birne geschält, entkernt und gewürfelt**
**1 Zweig Thymian**
**Salz, weißer Pfeffer,**
**1 Prise geriebene Muskatnuss**
**4 dünne Scheiben Baguette**
**Butter zum Bestreichen**

**Material:**
Feines Sieb
Stabmixer

**Die Zubereitung:**
Die Birnenwürfel und die Blätter des Thymian in 1 Esslöffel Butter anrösten, beiseite stellen.
In einem Topf ein wenig Butter zerlassen und darin Linsen, Schalotten und Knoblauch anschwitzen. Mit dem Weißwein und dem Birnensaft ablöschen und auf circa ein Drittel einkochen lassen. Gemüsefond und die Hälfte der Birnenwürfel dazugeben, mit Salz und weißem Pfeffer würzen und die Suppe auf die Hälfte reduzieren. „Rama Cremefine zum Kochen" hinzugeben und weitere 5 Minuten köcheln lassen.
Danach pürieren, durch ein feines Sieb passieren und nochmals mit Salz und Muskatnuss abschmecken. Vor dem Servieren mit dem Stabmixer aufschäumen.

Die Baguette-Scheiben mit Butter bestreichen mit Thymianblätter bestreuen und mit dem Rest der Birnenwürfel belegen.
Im (Miele) Backrohr mit Umluft bei circa 180 °C backen.
Die Thymiancrostini in die fertig aufgeschäumte Suppe legen und noch heiß servieren.

**WUSSTEN SIE,** dass bei Ausgrabungen im Mittleren Osten man Linsensamen gefunden hat, die schon vor 8000 Jahren landwirtschaftlich kultiviert wurden? Sie wurden sogar in der Bibel in der Schöpfungsgeschichte erwähnt und gelangten erst nach Christi Geburt nach Indien, wo sie bis heute eines der wichtigsten Grundlagen der Küche bilden. Die heutigen Hauptererzeugungsländer sind die Türkei, Indien, Kanada, Bangladesh, China und Syrien.

Weinempfehlung:
**Weißburgunder**
Weingut H&H Steinschaden

einfach

Zutaten für 4 Personen:
**700 g Salatgurken**
**3 Schalotten**
**2 EL Olivenöl**
**200 ml Joghurt**
**300 ml Gemüsefond**
**Salz, weißer Pfeffer**
**1 Hand voll Minzeblätter**
**250 g Sauerrahm**
**1 EL Zitronensaft**

**Material:**
Sahneflasche
1 Sahne-Patrone
Sahnesyphon
Standmixer

Weinempfehlung:
**Riesling Sekt**
Weingut Steininger

# *Geeiste Gurkensuppe mit Minze und Sauerrahm*

**Die Zubereitung:**
Die Schalotten fein schneiden in 1 Esslöffel Olivenöl anschwitzen und auf einem Teller auskühlen lassen. Die Gurken waschen, halbieren, entkernen und in kleine Stücke schneiden. Im Standmixer die Gurkenstücke mit Joghurt, restlichem Olivenöl, Minzeblättern, Gemüsefond und den Schalotten mixen. Mit Salz, weißem Pfeffer würzen und in Eiswasser (Kühlschrank) kalt stellen. Den Sauerrahm mit Salz und Zitronensaft verrühren, in die Sahneflasche füllen und mit der Patrone versetzen.
Die Suppe in eiskalten Tassen oder Ähnlichem anrichten und mit der Sahneflasche den Rahm darauf schäumen. Mit Minzeblättern garnieren.

TIPP Sie können eine kalte Suppe auch im Glas servieren.

**GÄRTNER TIPP**

DIE ROHE GURKE IST EIN IDEALER DURSTLÖSCHER IM SOMMER ODER NACH SPORT. SIE BESTEHT ZU 97% AUS WASSER UND ENTHÄLT ZUDEM NOCH WERTVOLLE INHALTSSTOFFE.

# Kürbisgnocchi mit Salbeibutter und Bergkäse

sehr anspruchsvoll

Zutaten für 4 Personen:
**700 g kalte, gepresste Erdäpfel**
**3 Eidotter**
**175 g glattes Mehl**
**100 g Kürbis**
**(Sorte nach Belieben)**
**2 EL Stärkemehl**
**3 EL Weizengrieß**
**Salz, Pfeffer,**
**1 Prise geriebene Muskatnuss**
**6 Salbeiblätter**
**1 EL Butter**
**100 g Bergkäse**

**Material:**
Erdäpfelpresse
Standmixer
Küchentuch
Stabmixer

**Die Zubereitung:**
Den geschälten Kürbis in Salzwasser weich kochen, das Wasser abgießen und mit dem Standmixer sehr fein pürieren, kalt stellen. Einen Teig aus kalten, gepressten Erdäpfel, Eidotter, den fertigen Kürbispüree, Stärkemehl, einer Prise Salz, Weizengrieß und glattem Mehl fertigen.
Aus dem Teig die gewünschte Größe der Gnocchi formen und kurz rasten lassen. In kochendem Salzwasser kurz aufkochen lassen und nur ziehen lassen. Mit kaltem Wasser abschrecken.
In einer Pfanne einen Esslöffel Butter schmelzen, darin die Salbeiblätter knusprig braten, herausnehmen und auf einem Küchentuch abtropfen lassen. Die vorgefertigten Gnocchi in dieselbe noch heiße Pfanne geben und bei mittlerer Hitze circa 3 Minuten braten. Zum Schluss mit Salz, Pfeffer und geriebener Muskatnuss würzen.
Die Gnocchi auf einem tiefen Teller anrichten, mit geriebenem Bergkäse und den knusprig gebratenen Salbeiblättern bestreuen.

TIPP Die gekochten Gnocchi halten sich im Kühlschrank mehrere Tage!

Weinempfehlung:
**Grüner Veltliner Steinsetz**
Weingut Schloss Gobelsburg

**WUSSTEN SIE**, dass in China der Kürbis „Kaiser des Gartens“ genannt wird und es in Griechenland eine Redewendung gibt „Gesund wie ein Kürbis“? Das kommt nicht von ungefähr, denn der Kürbis hat hohe gesundheitsfördernde Inhaltsstoffe.

besonders anspruchsvoll

# Gebratener Hirschkalbsrücken mit Erdäpfelwürfeln, Pilzen und Lauch

Zutaten für 4 Personen:
**600 g Hirschkalbsrücken**
**6 große Erdäpfel**
**200 g Pilze (nach Wahl, am besten Steinpilze)**
**1 Stange Lauch**
**1 Zweig Rosmarin**
**Salz, Pfeffer**
**3 Wacholderbeeren**
**1 Msp. gem. Pimet**
**2 EL Butterschmalz**
**200 ml Rotwein**
**50 ml roten Portwein**
**1 EL Mehl**
**5 EL Olivenöl**

**Material:**
Backblech
Feines Sieb

Weinempfehlung:
**Merlot Vinum Optimum**
Weingut Rabl

**Die Zubereitung:**
Den Hirschkalbsrücken in vier gleich große Stücke portionieren. Mit einem Messerrücken die Wacholderbeeren andrücken, und mit Pfeffer und gemahlenem Piment das Fleisch würzen.

Die Erdäpfel schälen, in 1 x 1 cm große Stücke schneiden und auf ein mit Olivenöl beträufeltes Backblech gleichmäßig verteilen. Mit Salz und Pfeffer würzen und im (Miele) Backrohr bei 180 °C circa 30 Minuten backen, bis die Erdäpfel knusprig sind.
Währenddessen die Pilze in einer Pfanne mit Olivenöl und den fein geschnittenen Lauch rösten, salzen.
Eine Pfanne mit Butterschmalz erhitzen und darin den Hirschkalbsrücken mit dem Rosmarin bei geringer Hitze braun braten.
Das Fleisch auf einem Teller beiseite stellen.
Den Bratenrückstand mit Mehl stauben, kurz rösten und mit dem Rot- und Portwein ablöschen, einreduzieren lassen und mit 125 ml Wasser aufgießen. Durch ein feines Sieb passieren. Bei Bedarf mit Salz und weißem Pfeffer abschmecken.

Die knusprigen Erdäpfelwürfel auf den Tellern verteilen, darauf die Pilz-Lauch Potpourri streuen, den rosa gebratenen Hirschkalbsrücken darüber setzen und mit dem Saft nappieren.

**GÄRTNER TIPP**

WENN SIE EINEN APFELBAUM IN IHREM GARTEN PFLANZEN, DANN ACHTEN SIE DARAUF, DASS ES SICH UM EINE ALTE APFELSORTE HANDELT. SIE SIND ROBUSTER, PFLEGELEICHTER, UND ENTHALTEN ZUDEM AUCH NOCH MEHR VITAMIN C. BEKANNTE SORTEN SIND BERLEPSCH, COX ORANGE ODER BOSKOP.

# *Gebratene Freilandhendlbrust mit Apfel und Vanillegraupen*

besonders anspruchsvoll

Zutaten für 4 Personen:
**4 Freilandhendlbrüste mit Haut (ohne Flügelknochen)**
**4 Äpfel**
**200 g Gerste-Graupen (Feinkostladen)**
**6 Schalotten**
**100 ml Weißwein**
**600 ml Gemüsefond (Seite 32)**
**½ Vanilleschote**
**100 ml Rama Cremefine zum Verfeinern**
**4 EL Butter**
**Salz, Pfeffer**
**2 EL Sonnenblumenöl**

**Die Zubereitung:**
Die Äpfel schälen, vierteln und das Kerngehäuse entfernen. Die Apfelspalten in 5 x 5 mm kleine Würfel schneiden. In einer Pfanne 2 Esslöffel Butter erhitzen und die Würfel darin circa 4 Minuten anschwitzen, mit Salz und Pfeffer würzen.
Die Hühnerbrüste jeweils mit 1 Esslöffel Apfelwürfel füllen (unter die Haut) und mit Salz und Pfeffer würzen.
Sonnenblumenöl in einer Pfanne erhitzen, die Hühnerbrüste von beiden Seiten gut anbraten und im vorgeheizten (Miele) Backrohr bei 170 °C auf der Hautseite gelegen fertigbraten.
Schalotten schälen und so feinwürfelig wie möglich schneiden. In einem breiten Topf 2 Esslöffel Butter erhitzen bis sie zu schäumen beginnt und die Schalotten glasig dünsten. Die Graupen dazugeben und kurz anschwitzen. Mit Weißwein ablöschen und einkochen lassen, bis die Flüssigkeit vollständig verdampft ist. Nach und nach mit Gemüsefond aufgießen, wobei die Graupen immer mit Flüssigkeit bedeckt sein sollten. Gute 15–20 Minuten köcheln lassen und dabei immer wieder umrühren. Die der Länge nach halbierte Vanilleschote mit einem kleinen Messer vorsichtig auskratzen. Die fertig gekochten Graupen mit der Vanille, Salz, Pfeffer und „Rama Cremefine zum Verfeinern" abschmecken.
Die Hühnerbrüste aufschneiden mit den Vanillegraupen und den Apfelwürfeln auf vorgewärmte Teller anrichten.

Weinempfehlung:
**Weißburgunder Stangl**
Weingut Johann Topf

sehr anspruchsvoll

Zutaten für 4 Personen:
**500 g Erdäpfel**
**100 g Weizenvollkornmehl**
**2 Eidotter**
**4 EL Topfen**
**2 EL frisch geriebener Parmesan bzw. Asmonte**
**1 kleiner Bund Petersilie**
**2 junge Brokkoli**
**4 EL Pinienkerne**
**2 EL Olivenöl**
**80 g geräucherter Bauchspeck**
**Salz, Pfeffer**
**1 Prise gem. Muskatnuss**
**2 EL Butterschmalz**

**Material:**
Erdäpfelpresse

Weinempfehlung:
**Grüner Veltliner**
**Steinhaus Kamptal DAC**
Weingut Eitzinger

# *Erdäpfelküchlein mit Brokkoli und Pinienkernen*

**Die Zubereitung:**

Die Erdäpfel unter fließendem Wasser abbürsten und in Salzwasser 50 Minuten kochen. Den Brokkoli in der Zwischenzeit waschen und in kleine Röschen zerteilen. Diese in kochendem Salzwasser blanchieren, anschließend sofort in Eiswasser abschrecken. Gut abtropfen lassen.

Den Räucherspeck in kleine Würfel schneiden und in einer Pfanne mit 2 Esslöffel Olivenöl und den Pinienkernen kurz rösten. Den Brokkoli untermischen. Die gekochten Erdäpfel schälen und durch die Erdäpfelpresse drücken. Mehl, Eidotter, Topfen, Käse und die gehackte Petersilie unterrühren. Mit Salz, Pfeffer und gemahlener Muskatnuss würzen. Aus diesem Teig kleine Küchlein formen und in einer Pfanne mit Butterschmalz auf beiden Seiten goldbraun braten.

Erdäpfelküchlein mit Brokkoli auf einem vorgewärmten Teller anrichten.

TIPP

Brokkoli nur kurz garen, da viele seiner Inhaltsstoffe hitzeempfindlich sind und durch langes Garen zerstört werden. Der Brokkoli ist leicht verdaulich und wohlschmeckend und unterstützt den trägen Darm.

# Lachstimbale mit Sesamfenchel

sehr anspruchsvoll

Zutaten für 4 Personen:
**8 Scheiben geräucherter Lachs (fein geschnitten)**
**240 g frisches Lachsfilet (ohne Gräten)**
**2 Schalotten**
**8 Kapern**
**2 Zweige Dill**
**4 EL Olivenöl kaltgepresst**
**Salz, weißer Pfeffer**
**2 EL Zitronensaft**
**2 Fenchelknollen**
**150 ml Noilly Prat (auch Weißwein möglich)**
**1 EL weißen Sesam**
**1 EL schwarzen Sesam**
**2 EL Sesamöl**

**Material:**
4 kleine Formen

**Die Zubereitung:**
Die kleinen Formen mit Klarsichtfolie und dann mit den Räucherlachsscheiben sorgfältig auslegen. Lachsfilet, Schalotten, gezupften Dill und Kapern sehr fein zusammenhacken und miteinander vermengen. Mit Salz, weißen Pfeffer, Zitronensaft und Olivenöl abschmecken. Das Lachstatar nun in die Formen füllen, etwas andrücken und mit den überstehenden Lachsscheiben so gut wie möglich zudecken und in den Kühlschrank stellen.
Fenchelknolle längs in feine Scheiben schneiden, und in einem breiten Topf mit Sesamöl anschwitzen. Mit Noilly Prat ablöschen und zugedeckt auf kleiner Flamme 8 Minuten ziehen lassen. Danach beiseite stellen und mit Salz und Pfeffer würzen. Den Sesam in einer kleinen Pfanne ohne Fett rösten.
Den Fenchel auf einem kalten Teller verteilen, mit geröstetem Sesam bestreuen und die Formen in die Mitte stürzen.

**WUSSTEN SIE,** dass in der indischen Küche nach jeder Mahlzeit Fenchelsamen gereicht werden, da diese die Verdauung unterstützen und Blähungen verhindern.

Weinempfehlung:
**Riesling Urgestein**
Weingut Erwin Steinschaden

besonders anspruchsvoll

Zutaten für 4 Personen:
**250 g Blätterteig**
**2 EL Butter**
**1–2 EL Zucker**
**100 g Zwetschken (nicht zu weich)**
**80 g Mandeln**
**30 g (Rohr)Zucker**
**2 EL Fichtenwipferlhonig (siehe Rezept Seite 58)**

**Material:**
4 kleine runde Backbleche oder ähnliches
Bratenthermometer
Backpapier

Weinempfehlung:
**Grüner Veltliner Beerenauslese**
Weingut Hiedler

# *Zwetschken Tarte-tatin mit gebrannten Mandeln und Fichtenwipferlhonig*

**Die Zubereitung:**

Den Zucker mit 2 Esslöffel Wasser in einem Topf auf 120 °C erhitzen. (Mit Thermometer messen!) Die Mandeln dazugeben und rühren bis sich die Zuckerkristalle um die Mandeln gelegt haben. Auf Backpapier auskühlen lassen. 4 kleine tiefe Backbleche mit Butter dick bestreichen und mit Zucker bestreuen.

Die Zwetschken halbieren und die Kerne entfernen. Den Blätterteig ausrollen, in 4 gleich große Teile schneiden und mit einer Gabel kleine Löcher in den Teig stechen.

Das (Miele) Backrohr auf 180 °C vorheizen (stille Hitze, keine Umluft). Die Zwetschken mit der Schnittfläche nach oben auf den 4 Blechen auflegen. Mit den Blätterteigteilen bedecken und 15–20 Minuten backen. Der Blätterteig sollte knusprig und der Zucker karamellisiert sein.

Die Tarte-tatin auf Dessertteller stürzen, mit den Mandeln und den Fichtenwipferlhonig garnieren.

TIPP

Dieses klassische, französische Dessert schmeckt auch herrlich mit Banane oder Birne.

anspruchsvoll

# Paradeisersalat „Deluxe“

Zutaten für 4 Personen:
**800 g Paradeiser**
**1 rote Zwiebel**
**1 Knoblauchzehe**
**(leicht zerdrückt)**
**2 EL Balsamico**
**4 EL kaltgepresstes Olivenöl**
**1 Stängel frisches Basilikum**
**(nur die Blätter)**
**½ EL grobes Meersalz**
**schwarzer Pfeffer aus der Mühle**

**Material:**
Sieb

**Die Zubereitung:**
Die Paradeiser entsaften, indem man diese in Spalten schneidet, in ein Sieb legt und mit Meersalz bestreut. 30 Minuten ziehen lassen. Dann abbürsten und das überflüssige Wasser vorsichtig aus den Paradeisern herausdrücken. Die Knoblauchzehe auf eine Gabel spießen und damit die Innenseite der Salatschüssel ausreiben. Die Zwiebel schälen, in feine Scheiben schneiden mit Balsamico und Olivenöl in die Salatschüssel geben. Die Paradeiser mit den Basilikumblättern in der Marinade 5 Minuten ziehen lassen.
Auf Tellern anrichten und schwarzen Pfeffer darüber mahlen.

TIPP

Sie können auch statt Balsamico, Rotweinessig verwenden und Schalotten anstatt roter Zwiebeln. Mit fein gehackter Petersilie bestreuen.

# *Dirndl Chutney*

anspruchsvoll

**Zutaten:**
**300 g Dirndln**
**400 g Äpfeln**
**(auch Birnen möglich)**
**15 g geschälter Ingwer**
**140 g Kristallzucker**
**1 Prise Salz**

**Material:**
Wiederverschließbare Gläser
Feines Spitzsieb

**Die Zubereitung:**
Die Dirndln in 500 ml Wasser circa 15–20 Minuten weichkochen und durch ein Sieb in einen weiten Topf passieren. Den Rückstand wiederholt mit 500 ml Wasser aufkochen. 5 Minuten kochen lassen und nochmals passieren.
Äpfel schälen und klein schneiden, mit dem geschälten Ingwer, Zucker und einer Prise Salz zum Dirndlmus geben.
Unter ständigem Rühren 10 Minuten kochen lassen und nochmals durch das Spitzsieb passieren.
Das fertige Chutney noch heiß in die Gläser füllen und fest verschließen.

**GÄRTNER TIPP**
DIE KORNELKIRSCHE AUCH DIRNDLSTRAUCH GENANNT, IST EINER DER ERSTEN FRÜH JAHRSBLÜHER MIT SCHÖNEN GELBEN BLÜTEN. AUCH DIE HERBSTFÄRBUNG IST SEHR DEKORATIV UND REICHT VON GELB BIS ROT-ORANGE. DIE ROTEN FRÜCHTE EIGNEN SICH AUCH FÜR VIELE GERICHTE.

GÄRTNERREGEL:
EIN WINTER OHNE SCHNEE,
TUT DEN BÄUMEN WEH.

# WINTER

Dezember – Jänner – Februar

# Das Wichtigste für Ihren Naschgarten von Dezember bis Februar

## Dezember

***Gärtnerregel: Viel Wind an den Weihnachtstagen, reichlich Obst die Bäume tragen.***

### *Gemüsegarten*

Nehmen Sie noch vor dem Frost die letzten Gemüsesorten aus dem Boden.
Um auch im Dezember reichlich frisches Gemüse zu haben bieten sich nun einige Varianten an:

**1) Einlagerung im Keller**

Der Keller sollte sehr dunkel, feucht und kühl sein um die besten Voraussetzungen für eine gute Lagerung zu gewährleisten.
Erdäpfel in einer Erdäpfelkiste lagern, Äpfel und Birnen auf Stellagen sortieren und eventuell in Papier einzeln einwickeln, damit sie über den Winter weniger Feuchtigkeit verlieren.
Karotten, Sellerie, Winterrettiche oder Petersilienwurzeln steckt man am besten in eine Kiste mit Sand.
Chinakohl, Kohlköpfe, Endivien wickelt man in Zeitungspapier und hängt diese verkehrt, also mit dem Kopf nach unten auf.
Man sollte jedoch in regelmäßigen Abständen das Gemüse auf faule Stellen überprüfen, um eine Ansteckungsgefahr auf das übrige Gemüse zu verhindern.

**2) Einmieten von Gemüse**

Eine langbewährte Möglichkeit Gemüse zu lagern, ist das Einmieten im Freien. Die Erdmiete ist ein ca. 50 cm tiefes und 80 cm breites Loch im Freien, wobei dieses mit einem feinen Maschendrahtzaun ausgelegt wird. Das hat den Sinn, es unerwünschten Gästen, wie Wühlmäusen, schwer zu machen einzudringen. Der Maschendrahtzaun wird mit ca. 10 cm Sand bedeckt, darauf eine Schicht Gemüse legen und grob mit Erde bedecken, darauf wieder Gemüse, das wieder mit Erde bedecken usw. Als Abschlussschicht nehmen Sie wieder Sand und decken es anschließend mit Stroh, Heu oder Laub ab. So können Sie Ihr Gemüse frisch bis in den Frühling lagern.

**3) Einlegen von Gemüse**

Das Einlegen von Gemüse hat auch schon lange Tradition und eignet sich hervorragend für eine lange Lagerung. Sie können Gemüse in verschiedenen Varianten einlegen.
**Einlegen in Öl:** geeignet sind Karotten, Melanzani, Zucchini, Paprika, Lauch oder Perlzwiebeln.
**Einlegen in Essig:** geeignet sind Paprika, Karfiol, Kürbis, Birnen, Quitten, Kirschen.
**Einlegen in Alkohol:** geeignet sind vor allem Früchte wie Marillen, Mirabellen, Kirschen, Birnen.

# *Januar*

### *Gärtnerregel: Schlummert im Jänner das Grün, so wird zeitig der Garten blüh'n.*

### *Gemüsegarten*

Jetzt hat unser Gemüse- und Naschgarten Zeit um Energie und Kraft zu tanken – einfach in Ruhe lassen.

### *Obstgarten*

Die Obstbäume gehören sorgfältig ausgelichtet und etwaige Schnittwunden über 5 cm Durchmesser sorgfältig mit einem Wundenwachs verstrichen.
Bürsten Sie den Stamm mit einer Bürste ordentlich ab, um eventuell schon eingenistete Schädlinge zu entfernen.

# *Februar*

### *Gärtnerregel: Im Februar zu viel Sonn' am Baum – lässt dem Obst keinen Raum.*

### *Gemüsegarten*

**Frühbeet:** Ab Mitte Februar kann mit der ersten Saat begonnen werden. Ein Frühbeet ist ein Holzkasten, der im Boot steht und ein bisschen angedrückt wird, um Luftzug zu vermeiden. Entlang des Kastens bringen Sie ein wenig Laub auf, das zusätzlichen Wärmeschutz bringt. Die Höhe beträgt ca. 20–30 cm, und die Abdeckung erfolgt entweder mit Glas, Plexiglas (Bruchsicherheit) oder mit alten Fenstern. Durch die Abdeckung kann sich das Frühbeet bei Sonnenschein bis 30 °C aufwärmen und ist somit ein Schutz vor Frost und Kälte. Dabei darf man auf das regelmäßige Gießen und Lüften nicht vergessen.

Graben Sie ca. 60 cm tief hinunter um eine Auffüllung mit verschiedenen Schichten möglich zu machen. Befüllen Sie die Hälfte mit Pferdemist, der gleichzeitig als Bodenheizung dient und stampfen Sie ihn gut fest. Den Rest befüllen Sie mit dem Aushubmaterial, das mit Humus abgemischt die Bodenqualität verbessert. Nachts sollten die Kästen mit Stroh- oder Schilfmatten zugedeckt werden. Das Frühbeet ist die ideale Form um möglichst bald frisches Gemüse zu ernten.

**Gemüsesorten für Frühbeete:**
Kopfsalat, Chinakohl, Kohlrabi, Gartenkresse, Radieschen, Rettich, Kerbel aussäen.

**Der Anpflanzplan:** Ab Ende Jänner, Anfang Februar können Sie bereits Mangold und Spinat in Ihr Frühbeet setzen, ab Ende Februar auch Kopfsalat.

**Glashaus:**
Ein Glashaus im Garten ist ideal für Gartenfans, da man dadurch die Gemüsesaison wesentlich verlängern kann.

### *Obstgarten*

Der Gehölzschnitt bei Obstbäumen sollte im Februar bis maximal erste oder zweite Märzwoche abgeschlossen sein. Beim Obstschnitt hilft der Rat meines Großvaters als gute Gedankenstütze: „Durch die Krone eines richtig geschnittenen Obstbaumes muss ich meinen Hut werfen können".

Das heißt, alle nach innen wachsenden Triebe einkürzen. Triebe die nach oben zeigen könnten, in die Waagrechte nach außen binden, damit neue Fruchtknospen angesetzt werden, oder zur Gänze abschneiden. Vorsicht, beim Schnitt auf die jungen Knospen achten. Runde Knospen sind in den meisten Fällen Blüten und somit Früchte. Spitze Knospen bringen neue Triebe.

Falls der Boden schon offen ist, können Sie entweder Mist oder Komposterde in den Boden des Obstbaums einarbeiten.

Bei Beerensträuchern abgefrorenes Holz entfernen und ein Drittel der Triebe auf ca. 5 cm zurückschneiden, um lockere Sträucher zu erhalten. Altes, verbrauchtes Holz (meist dunklere Triebe) herausschneiden, damit sich junge kräftige Neutriebe entwickeln können.

Bitte auf keinen Fall bei Frost schneiden!

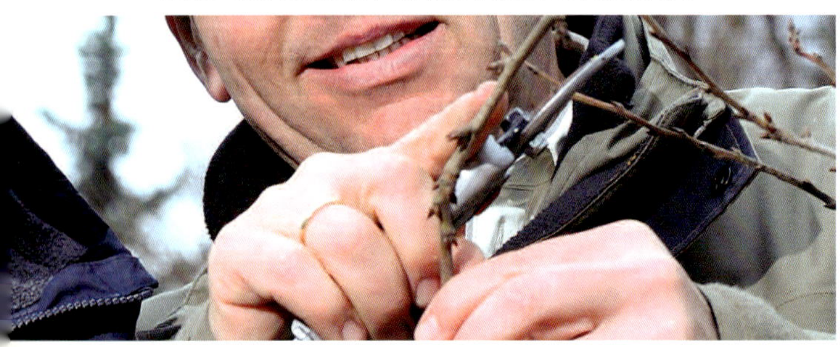

## *Winterzeit – in der Stille liegt die Kraft*

Jetzt im Winter, wo der Boden gefroren, die Bäume und Sträucher mit leichtem Schnee oder Raureif überzogen sind, und unsere Pflanzen wie Kräuter, Stauden und Zwiebeln unter einer hoffentlich dicken Laubdecke im Naschgarten ruhen, ist die Zeit gekommen, wo Mensch und Natur Ruhe brauchen.

Leider ist das in der Zeit um Weihnachten, in der so genannten stillen Zeit im Jahr, schon fast nicht mehr möglich. Überall ist Hektik und Einkaufsstress, denn wir wollen ja für unsere Lieben die besten Geschenke finden. Obwohl man schon gar nicht mehr weiß, was man noch schenken soll.

TIPP

Wie wäre es mit einem Geschenk aus dem eigenen Garten, z. B. hausgemachte aromatisierte Öle und Essige, Marmeladen, Gewürzsackerl u. v. m. Aber auch Geschenke für den Garten stehen mittlerweile auf vielen Wunschzetteln ganz oben. Von trendigen Accessoires, über Gartenbücher (wie dieses), über nützliches für den Garten. Oder vielleicht gleich einen Garten, ob die Planung und/oder die Ausführung, oder ein Gartengutschein, ...

Mit solchen Geschenken bereiten Sie auf jeden Fall viel Freude.

### *Stressfreie Weihnachten!*

Der Stress hört für alle Hobbyköche/innen auch am Heiligen Abend und an den Festtagen nicht auf, denn das beste Festessen muss an diesen Tagen auf den Tisch.

Das Angebot in den Supermärkten ist gewaltig und es wird nach Herzenslust geshoppt, oft mehr als die Geldbörse hergibt. Es ist aber auch verlockend, in der Gemüse- und Obstabteilung die vielen Südfrüchte und das Obst und Gemüse aus aller Herren Länder. Hier nimmt man auch so einiges in Kauf. Die langen

Warteschlangen, die Ungewissheit wie lange das Obst und Gemüse schon unterwegs war bevor es in Ihrem Einkaufskorb landet, wie BIOlogisch und gesund die angebotene Ware ist, und die oft nicht erkennbaren Qualitätsmängel.

Das alles bleibt jedem erspart, der das ganze Jahr über seinen Garten hegt und pflegt. Sein Obst und Gemüse, sowie seine Kräuter richtig kultiviert und genügend von all dem so eingelagert hat, dass jetzt im Winter alles vorrätig ist: Sellerie, Zwiebel, Porree, Karotten, Petersilie, Kraut, Salat u. v. m. Der Karpfen aus dem eigenen Biotop schmeckt auch vorzüglich.

## *Vertrauen ist gut, aber Kontrolle ist ratsam!*

Jetzt im Winter ist es ratsam das Obst und Gemüse in ihrem Lagerquartier zu kontrollieren, ob sich nicht der eine oder andere faule Apfel oder die Karotte eingeschlichen hat und die anderen damit ansteckt.
Dabei können Sie die Äpfel und Birnen, falls Sie das nicht schon beim Einlagern gemacht haben, einzeln auf Zeitungspapier auflegen.
Lassen Sie genügend Abstand, so dass der Apfel oder die Birne gut „durchatmen“ kann, das hilft gegen Fäulnis.
Für ein faltenfreies Obst ist es ratsam, Feuchtigkeit zu spenden. Stellen Sie einfach einen oder mehrere Kübel oder Schalen mit Wasser zwischen dem Obst auf. Die Luftfeuchtigkeit wird dann vom Obst aufgenommen und es bleibt länger frisch.

## *Pflanz- und Ernteplan am Computer!*

An den langen Winterabenden ist auch genügend Zeit, am Computer einen eigenen Pflanz- und Ernteplan zu erstellen. Nach 1–2 Jahren „Gemüsebau-Erfahrung“ im Privatgarten kann ein solcher Plan schon gelingen. Sie kennen dann die klimatischen Verhältnisse und die Bodenbedingungen, Sie wissen wie lange der Salat braucht bis Sie ihn ernten können und wie das Kohlgemüse ohne chemische Keule heranwächst.
Eine Computergrafik zeigt wie Ihr Gemüsegarten gestaltet werden kann, wie Sie jeden Zentimeter Ihres Naschgartens ausnutzen können um täglich frische Kräuter, herzhaftes Gemüse und saftiges Obst ernten zu können.
Zugegeben, einige PC-Kenntnisse sind schon von Vorteil, aber die Älteren unter uns, oder so wie ich – die „AntiPCler“ können ja immer noch auf den guten alten Bleistift und das Papier zurückgreifen.

TIPP

Laden Sie sich als Hilfestellung unseren Pflanz- und Ernteplan vom Internet herunter: **www.kittenberger.at**

## *Wenn wir uns nach frischem Grün sehnen!*

Ab Februar, wenn die Tage schon ein bisschen länger werden, können Sie auf Ihrer Fensterbank wieder aktiv werden. In Töpfen oder kleinen Tonschalen können Sie schon die ersten Kräuter ansäen. Kresse gelingt da immer. Dazu brauchen Sie nicht einmal Erde, legen Sie 5–6 Blätter einer Küchenrolle zusammen und auf einen flachen Teller. Bestreuen Sie diese dicht mit Samen von Gartenkresse und geben Sie Wasser darauf. In 2–3 Tagen beginnen diese zu wachsen und nach einer Woche können Sie schon frische Kresse schneiden. Aber auch Basilikum lässt sich leicht am Fenster in Erde heranziehen. Achten Sie darauf, Basilikum verträgt keinen Zug, also das Fenster nach Möglichkeit nicht öffnen. Kopfsalat kann ab Mitte Februar ebenfalls in Kistchen am Fensterbrett angebaut werden die dann Anfang März ins Frühbeet kommen.

## *Persönlich – ist immer am besten!*

Selbst ein Silvesterglücksbringer kann aus dem eigenen Garten kommen. Kleine Schnittlauchstöcke eintopfen und am Fenster vortreiben. Das Blatt eines Lorbeerbäumchens mit „Prosit Neujahr" beschreiben und an Ihre Lieben verschenken. Sie werden sehen, wie sehr Sie mit solchen Geschenken anderen Freude bereiten können.

# *Wintergenuss in der warmen Stube*

- *Klare Gemüsesuppe mit Löffelnockerl*
- *Blunz´n mit Apfel und Lauch*
- *Waldviertler Lammrücken mit winterlichem Gemüse und Erdäpfel-Baumkuchen*
- *Karottentorte*
- *Karotten-Ingwer Suppe*
- *Schilterner Veltlinerschaumsuppe mit Zimtstangerl*
- *Pastinakencremesuppe mit Chips*
- *Ofenerdäpfel mit Sauce Alioli*
- *Erdäpfelsalat mit Rucola*
- *Holzofenbrot mit Bauerntopfen und Kresse*
- *Gelierte Apfelsuppe mit Hagebutte*
- *Waldviertler Kalbsfilet mit Gartengemüse aus dem Wok*
- *Grüner Salat fruchtig*
- *Kohlsprosserl-Salat mit roten Rüben und Bauernspeck*
- *Flusskrebse mit Kohlrabi und Zitronenschaum*
- *Geräucherte Forelle mit Erdäpfel, Zuckerschoten und Speckchips*

anspruchsvoll

Zutaten für 4 Personen:
**180 g Karotten**
**80 g Sellerie**
**80 g gelbe Rüben**
**1 Stange Lauch**
**80 g Karfiol**
**80 g Paradeiser**

**100 g Zwiebel**
**2 Zehen Knoblauch**
**je 1 Zweig Rosmarin, Liebstöckel (Maggikraut), 2 EL Sojasauce**
**1TL schwarze Pfefferkörner**
**½ TL Korianderkörner**
**2 TL Sonnenblumenöl**
**200 g griffiges Mehl**
**4 Eier, Salz, weißer Pfeffer,**
**1 Prise gem. Muskatnuss**
**Wasser, kleiner Bd. Schnittlauch**

**Material:**
Sparschäler
Spitzsieb

Weinempfehlung:
**Grüner Veltliner Neuberg**
Weingut Michaela Jöbstl

# *Klare Gemüsesuppe mit Löffelnockerl*

**Die Zubereitung:**
Das Gemüse gut waschen und schälen. Die Schalen, die Paradeiser, das Grün vom Lauch mit den Gewürzen in gut 1 Liter kochendes Wasser einlegen und 40 Minuten kochen lassen.

Zwiebeln und Knoblauch schälen und in feine Würfel schneiden. Das geschälte Gemüse in gleich große Würfel schneiden, den Karfiol in gleich große Stücke zerteilen.
In einem breiten Topf das Öl erhitzen, darin die Zwiebeln mit dem Knoblauch anschwitzen, das Wurzelgemüse (ohne Karfiol) dazugeben und kurz anrösten.
Den zuvor hergestellten Gemüsefond durch ein Spitzsieb in den Topf mit dem gerösteten Gemüse gießen, gut 5 Minuten kochen lassen. Erst dann die Karfiolröschen dazugeben und das Ganze nochmals 5 Minuten kochen lassen.
Den restlichen Lauch in feine Streifen schneiden und in die kochende Suppe einlegen, vom Herd nehmen und nur mehr ziehen lassen. Bei Bedarf mit Salz, weißem Pfeffer und Sojasauce nachwürzen.
Für die Löffelnockerl das Mehl mit den Eiern und wenig Wasser vermengen. Die Masse sollte nicht zu flüssig sein!

Nun mit Hilfe von 2 Teelöffeln Nockerl formen und direkt in siedendes Wasser einlegen. Die Nockerl 3–5 Minuten ziehen lassen, sie schwimmen obenauf wenn sie fertig sind.
Die Gemüsesuppe in tiefen Tellern anrichten, Löffelnockerl dazugeben und mit fein geschnittenem Schnittlauch bestreuen.

**GÄRTNER TIPP**

SETZEN SIE LAUCH (PORREE) IM GARTEN IMMER TIEFER EIN, 2–3 CM, DAMIT SICH EIN LANGER, WEISSER SCHAFT BILDET.

# *Blunz´n mit Apfel und Lauch*

sehr anspruchsvoll

**Die Zubereitung:**
Die Äpfel schälen, das Kerngehäuse entfernen und aus der Mitte heraus 4 Scheiben schneiden. Die Scheiben in einem Topf mit Wasser, einem Schuss Weißwein, wenig Salz und Zucker leicht köcheln lassen. Die Scheiben bissfest kochen, entnehmen und beiseite stellen. Währenddessen die Schalotten und den Knoblauch schälen, grob würfelig schneiden und in 1 Esslöffel Butter anschwitzen. Mit dem restlichen Weißwein ablöschen und auf gut 1/3 einkochen. Mit „Rama Cremefine zum Kochen" aufgießen und den Thymianzweig hineingeben. Circa 5 Minuten einkochen lassen und den Thymianzweig wieder entfernen. Das Ganze in einem Standmixer auf höchster Stufe sehr fein mixen. Mit Salz, weißem Pfeffer und einem Spritzer Sojasauce abschmecken.
Den Lauch waschen, abtropfen lassen und feinwürfelig schneiden. In einer Pfanne 1 Esslöffel Butter erhitzen bis sie zu schäumen beginnt und den Lauch darin rösten. Mit Salz und weißem Pfeffer würzen.

Die geschälte Blutwurst in 4 gleich große Stücke schneiden und in Mehl wenden. In einer Pfanne mit Sonnenblumenöl von beiden Seiten knusprig braten und auf einem Küchentuch das überschüssige Öl abtropfen lassen.
Auf einem vorgewärmten Teller mit Hilfe der Ringform wie folgt einen Turm bauen: Zuerst den warmen Apfelring am Boden des Tellers platzieren, dann den Lauch daraufsetzen. Mit der gebratenen Blunz´n Scheibe abschließen. Die Weißweinsoße mit dem Stabmixer aufschäumen und mit frisch geriebenem Kren rund um den Apfel-Lauch-Blunz´n Turm verteilen.

Zutaten für 4 Personen:
**100 g Blutwurst (Blunz´n)**
**2 Äpfel**
**250 ml Weißwein**
**1 EL Zucker**
**6 Schalotten**
**2 EL Butter**
**2 Knoblauchzehen**
**500 ml Rama Cremefine zum Kochen**
**1 Zweig Thymian**
**1 Spritzer Sojasauce**
**1 Stange Lauch**
**2 EL Sonnenblumenöl**
**2 EL Mehl**
**Salz, weißer Pfeffer**
**1 Krenwurz´n**

**Material:**
Spitzsieb
Standmixer
4 Ringformen
(10 cm Durchmesser)
Küchentuch

Weinempfehlung:
**Chardonnay**
**Reitberg**
Weingut Wolfgang Groll

besonders anspruchsvoll

Zutaten für 4 Personen:
**1 ganzer Lammrücken**
**1 mittelgroße Zucchini**
**1 Melanzani**
**3 Paprika (rot, grün, gelb)**
**2 große Zwiebeln**
**6 Zehen Knoblauch**
**je 1 Zweig Thymian & Rosmarin**
**1 EL Mehl**
**400 ml Gemüsefond**
**Salz, Pfeffer**
**1 Prise gem. Muskatnuss**
**5 EL Olivenöl**
**1 Spritzer Sojasauce**
**100 ml Rotwein**
**1 EL kalte Butter**

Baumkuchen:
**350 g gekochte, gepresste Erdäpfeln**
**200 g zimmerwarme Butter**
**8 Eier**

**Material:** Backpapier

Weinempfehlung:
**Rotspon Classic**
Sonnhof Jurtschitsch

# *Waldviertler Lammrücken mit winterlichem Gemüse und Erdäpfel-Baumkuchen*

**Die Zubereitung:**

Den Lammrücken mit Salz, Pfeffer und gehackten Knoblauch einreiben. Den Rosmarin und den Thymianzweig halbieren.

Eine Pfanne mit 3 Esslöffel Olivenöl erhitzen und darin den Lammrücken beidseitig scharf anbraten, die Hälfte der Kräuter dazugeben und kurz mitbraten. Die Pfanne ins vorgeheizte (Miele) Backrohr stellen und bei 170 °C circa 15 Minuten schmoren lassen. Anschließend kurz rasten lassen.

Den Bratenrückstand mit einem Esslöffel Mehl stauben, mit Rotwein ablöschen und einreduzieren lassen. Mit dem Gemüsefond aufgießen, nochmals auf die Hälfte reduzieren und mit einem Esslöffel kalter Butter binden. Mit Sojasauce und Pfeffer abschmecken.

Die Paprika in kochendem Wasser circa 10 Minuten blanchieren, in Eiswasser abschrecken und häuten.

Die Zucchini sowie die Melanzani und die Paprika in gleich große Stücke schneiden. In einem Topf Olivenöl erhitzen, fein geschnittenen Zwiebel und Knoblauch anschwitzen und mit dem geschnittenen Gemüse anrösten. Mit Salz, Pfeffer, Rosmarin und Thymian abschmecken.

Für den Erdäpfel-Baumkuchen die Eier trennen, die zimmerwarme Butter mit dem Eigelb aufschlagen und langsam unter die gepressten Erdäpfel rühren. Das Eiweiß mit einer guten Prise Salz zu festem Eischnee schlagen und danach langsam unter die Erdäpfelmasse heben. Noch einmal mit Salz, Pfeffer und geriebener Muskatnuss nachschmecken. Die Masse auf ein mit Backpapier ausgelegtes Backblech so dünn wie möglich

aufstreichen und im (Miele) Backrohr bei maximaler Oberhitze auf mittlerer Schiene goldbraun backen lassen. Das Backblech herausziehen und die zweite dünne Schicht von der Erdäpfelmasse darauf streichen und weiterbacken. Diesen Vorgang sooft wiederholen bis keine Masse mehr übrig ist. Den fertigen Baumkuchen kurz auskühlen und rasten lassen.

Das Fleisch in Scheiben schnelden mit dem winterlichen Gemüse auf vorgewärmte Teller anrichten. Den Erdäpfel-Baumkuchen am Besten ausstechen und nebst dem Gemüse platzieren. Den Lammrücken mit der Sauce nappieren.

# Karottentorte

sehr anspruchsvoll

Zutaten für 4 Personen:
**1200 g Karotten**
**120 g Zucker**
**Zesten von einer halben Zitrone**
**4 Eier**
**1 Eidotter**
**45 g Zucker**
**150 g Mehl**
**100 g geriebene Haselnüsse oder Mandeln**
**8 g Backpulver**
**100 g flüssige Butter**
**1 EL Butter zum Ausfetten**

**Material:**
Zestenreißer (Sparschäler)
Tortenform
Handmixer

**Die Zubereitung:**
Die Karotten waschen, schälen und raspeln. Mit dem Zucker und den Zesten von einer halben Zitrone vermengen.
Die Eier, den Eidotter und den Zucker in einem Schneekessel über Dampf schaumig schlagen. Wenn die Masse dick und schaumig wird vom Dampf entfernen und solange schlagen bis sie wieder auf Zimmertemperatur abgekühlt ist. Die geraspelten, gezuckerten Karotten langsam einrühren. Das Mehl mit den geriebenen Nüssen und dem Backpulver vorsichtig unterheben.
Danach die flüssige Butter beimengen und in eine mit Butter ausgefettete Form füllen. Die Torte im (Miele) Backrohr bei 170 °C Umluft circa 50 Minuten backen. Auskühlen lassen und mit Staubzucker bestreuen.

**GÄRTNER TIPP**
DIE KAROTTE IST ANSPRUCHSLOS UND LEICHT KULTIVIERBAR. DIE KAROTTE IST DER „KLASSIKER" UNTER DEN GEMÜSEARTEN UND SEHR GESUND MIT VIEL VITAMIN A. EIN LÄSTIGER SCHÄDLING IST DIE MÖHRENFLIEGE, DIE IHRE EIER ENDE MAI BIS ENDE JUNI IN DER NÄHE DER KAROTTEN ABLEGT. DIE MADEN ERNÄHREN SICH DANN SPÄTER VON DEN KAROTTEN UND SIE BEKOMMT EINEN BITTEREN GESCHMACK. DURCH FRÜHEN ANBAU, VORZEITIGE ERNTE UND DER MISCHKULTUR MIT ZWIEBEL UND KNOBLAUCH KÖNNEN SIE EINE VORBEUGENDE MASSNAHME TREFFEN.

Weinempfehlung:
**Grüner Veltliner**
**Heiligenstein Edelgraben**
Weingut Erwin Retzl

anspruchsvoll

Zutaten für 4 Personen:
**4 Karotten**
**80 g Ingwer**
**4 Schalotten**
**2 Knoblauchzehen**
**1 EL Butter**
**100 g Sauerrahm**
**600 ml Gemüsefond (Seite 32)**
**½ TL gemahlenen Curcuma**
**1 EL Zitronensaft**
**Salz, Pfeffer**

**Material:**
Standmixer
Spitzsieb

Weinempfehlung:
**Gemischter Satz**
**Alter Panzaun**
Weingut Ludwig Ehn

# *Karotten-Ingwer Suppe*

Die Schalotten und den Knoblauch schälen, klein schneiden und in einem Topf mit Butter anschwitzen. Karotten schälen und in grobe Stücke schneiden und mitdünsten. Einen ½ Teelöffel Curcuma einrühren und mit Gemüsefond aufgießen.
Die weichen Karotten anschließend im Standmixer mit Sauerrahm, Salz, Pfeffer und geschältem, gehacktem Ingwer mixen. Durch ein Spitzsieb passieren, noch einmal aufkochen lassen und eventuell nochmals abschmecken. Die Karotten-Ingwer Suppe in Suppentellern anrichten.

**WUSSTEN SIE,** dass Ingwer ausschließlich in tropischen Regionen wächst aber auch als Zier- und Wohnungspflanze geeignet ist? Man kann Ingwer auch selbst ziehen, wenn man frische handelsübliche Ingwerwurzeln in etwa 5 cm lange Stücke schneidet und mit den Schnittflächen nach unten in Blumenerde steckt. In einem warmen Raum und bei ausreichend Feuchtigkeit bilden die Wurzeln schnell neue Triebe.

**GÄRTNER TIPP**

INGWER IST EIN SEHR ALTES HEILMITTEL UND WIRD VOR ALLEM IN DER CHINESISCHEN MEDIZIN EINGESETZT. SEINE WERTVOLLEN INHALTSSTOFFE WIRKEN BEI VERDAUUNGSPROBLEMEN, FIEBER- UND ERKÄLTUNGSKRANKHEITEN SOWIE BEI KOPFSCHMERZEN. INGWER WIRD AUCH BEI REISCKRANKHEITEN UND KREISLAUFPROBLEMEN EINGESETZT.

# *Schilterner Veltlinerschaumsuppe mit Zimtstangerl*

sehr anspruchsvoll

**Die Zubereitung:**

Den Grünen Veltliner in einem Topf mit Zimtstange und den Nelken reduzieren lassen bis fast nichts mehr übrig bleibt. Mit dem Gemüsefond aufgießen und nochmals einkochen lassen. „Rama Cremefine zum Kochen" dazugeben und durch ein feines Sieb gießen. Mit Salz und Pfeffer abschmecken.

Für das Zimtstangerl den Blätterteig (wenn nötig) dünn ausrollen, mit Eidotter bestreichen und mit etwas Zimt bestreuen. In etwa 2 cm breite und 6–8 cm lange Streifen schneiden, auf beiden Seiten eindrehen und bei 180 °C Umluft im (Miele) Backrohr circa 5 Minuten backen.

Die Veltlinersuppe mit dem Stabmixer schäumen und mit dem Zimtstangerl servieren.

**WUSSTEN SIE**, dass Zimt ein Rindengewürz ist?
Die jungen Triebe werden geschält und die innere Rinde getrocknet. Dabei rollt sie sich ganz typisch ein.

**Es gibt zwei Arten von Zimt:**

Cassia-Zimt, aus China: 6–8-jährige Triebe werden getrocknet. Sie sind dunkler und haben eine gröbere Rollung.

Ceylon-Zimt, aus Sri Lanka: 2-jährige Triebe werden getrocknet. Er ist viel heller und feiner gerollt als der Cassia-Zimt.

Zutaten für 4 Personen:
**1 l Grünen Veltliner**
**1 Zimtstange**
**6 Nelken**
**1 l Gemüsefond (Seite 32)**
**125 ml Rama Cremefine zum Kochen**
**½ Pkg. Blätterteig**
**1 Eidotter**
**1 TL gemahlenen Zimt**
**Salz, Pfeffer**

**Material:**
Sieb
Stabmixer

Weinempfehlung:
**Grüner Veltliner Steinhaus**
Weingut Kirschbaum

anspruchsvoll

Zutaten für 4 Personen:
**3 Pastinaken**
**2 Zwiebeln**
**6 Knoblauchzehen**
**2 EL Butter**
**2 EL Sonnenblumenöl**
**600 ml Gemüsefond (Seite 32)**
**250 g Sauerrahm**
**1 Zweig Rosmarin**
**Salz, weißer Pfeffer**
**Raffiniertes Traubenkernöl zum Frittieren**
**1 Pkg. Gartenkresse zum Garnieren**

**Material:**
Schneidemaschine
Standmixer
Sieb

Weinempfehlung:
**Weißburgunder**
Weingut Peter Dolle

# *Pastinakencremesuppe mit Chips*

**Die Zubereitung:**
Pastinaken waschen, schälen, halbieren und mit der Schneidemaschine so dünn wie möglich schneiden. Traubenkernöl ungefähr 2 cm hoch in einem breiten Topf auf circa 160 °C erhitzen. Die Pastinakenscheiben darin knusprig backen und auf einem Küchenpapier abtropfen lassen. Die Chips gleich salzen.

Zwiebeln und Knoblauch schälen, mit dem Rest der Pastinaken grob schneiden und in einen Topf geben. Das Ganze mit Butter und Sonnenblumenöl farblos braten. Mit Gemüsefond aufgießen und den Rosmarinzweig einlegen. Wenn die Pastinaken weich gekocht sind den Sauerrahm hinzufügen und kurz weiterkochen lassen. Den Rosmarinzweig wieder herausnehmen, die Suppe im Standmixer auf höchster Stufe fein mixen und durch ein Sieb passieren. Mit Salz und weißem Pfeffer abschmecken. Die Pastinakencremesuppe in Suppentellern mit den Chips und Gartenkresse dekoriert servieren.

**GÄRTNER TIPP**

DIE BLÄTTER DER PASTINAKEN EIGNEN SICH AUCH ALS GEWÜRZ.

# *Ofenerdäpfel mit Sauce Alioli*

anspruchsvoll

Zutaten für 4 Personen:
**4 Stk. Backerdäpfel**
**500 g grobes Meersalz**
**1 kleiner Bund Petersilie**
**2 Bund Schnittlauch**
**2 Zweige Thymian**
**1 Zweig Rosmarin**

Sauce Alioli:
**5 Knoblauchzehen**
**2 Eier**
**100 ml Olivenöl**
**125 ml Sonnenblumenöl**
**Saft von ½ Zitrone**
**Salz**

**Material:**
Mixbecher
Stabmixer

**Die Zubereitung:**
Ein Backblech mit grobem Meersalz bestreuen und die Erdäpfel draufsetzen. Den (Miele) Ofen auf 200 °C vorheizen und etwa 1 Stunde garen lassen. Währenddessen die Kräuter waschen und fein hacken. Die gegarten Erdäpfel der Länge nach bis zur Mitte einschneiden und halb aushöhlen. Die ausgehöhlte Erdäpfelmasse grob hacken, mit den Kräutern vermischen und wieder einfüllen.

Für die Sauce Alioli den Knoblauch schälen und mit den Eiern, Zitronensaft, Olivenöl, Sonnenblumenöl und etwas Salz in einen Mixbecher geben. Nun vorsichtig und langsam mit dem Stabmixer vom Mixbecherboden nach oben mixen.

Die Ofenerdäpfel auf etwas Meersalz anrichten und die Sauce Alioli extra dazureichen.

Weinempfehlung:
**Grüner Veltliner**
**Eichenstaude**
Weingut Kurt Angerer

einfach

# Erdäpfelsalat mit Rucola

Zutaten für 4 Personen:
**8 speckige Erdäpfel**
**2 rote Zwiebeln**
**2 EL Estragonsenf**
**250 ml Rindsuppe**
**1 EL Zucker**
**1 Schuss Hesperidenessig**
**1 Schuss Maiskeimöl**
**Salz, Pfeffer**
**1 kl. Bd. oder Tasse Rucola**
**1 EL reifer Balsamicoessig**
**1 TL Staubzucker**
**2 TL kaltgepresstes Olivenöl**

**Material:**
Salatschleuder

Weinempfehlung:
**Frühroter Veltliner**
Weingut Ludwig Gruber

**Die Zubereitung:**
Die Erdäpfel in Salzwasser kochen, abgießen und schälen. Die Zwiebeln schälen und in kleine Würfel schneiden. Die Rindsuppe erhitzen, die Zwiebeln, den Senf, Zucker, Hesperidenessig und Maiskeimöl darin kurz aufkochen. Die Marinade in eine Schüssel gießen und mit Salz und Pfeffer aus der Mühle abschmecken. Die warmen Erdäpfel über der Schüssel in 5 mm dicke Scheiben schneiden und in die Marinade fallen lassen. So kleben die Scheiben nicht aneinander.
Rucola waschen und mit der Salatschleuder trocken schleudern. Den Balsamico mit dem Olivenöl verrühren, mit Salz, Pfeffer und Staubzucker abschmecken.
Den Rucola durch die Balsamico-Marinade ziehen und mit dem Erdäpfelsalat anrichten.

TIPP

**VITAMINTIPP:** Erdäpfel immer mit Schale kochen oder garen, denn so bleiben die meisten Vitamine enthalten. Ein Erdapfel enthält mehr Vitamin C als ein Apfel. Der Erdapfel ist auch Spitzenreiter beim Kaliumgehalt und übertrifft weit die Banane.

GÄRTNER TIPP
DEN ERDÄPFELSALAT ZUR ABWECHSLUNG MIT BÄRLAUCHSTREIFEN IM FRÜHLING ODER MANGOLDSTREIFEN IM SOMMER VERRÜHREN. AUCH MIT KÜRBISKERNÖL UND KÜRBISKERNEN EINE SENSATION.

# Holzofenbrot mit Bauerntopfen und Kresse

sehr einfach

Zutaten für 4 Personen:
**4 Scheiben Holzofenbrot**
**6 EL Bauerntopfen (Ricotta)**
**1 EL Honig**
**1 Msp. Senf**
**1 kleines Stück Ingwer**
**etwas Gartenkresse**
**Salz, Pfeffer**

**Die Zubereitung:**
Ingwerstück schälen, fein hacken, mit Bauerntopfen, Honig und Senf verrühren. Die Brotscheiben mit Bauerntopfen bestreichen und mit frisch geschnittener Gartenkresse bestreuen. Mit Salz und Pfeffer leicht nachwürzen.

TIPP

Züchten Sie Ihre eigene Kresse. Sie kann in kleine Schalen und das ganze Jahr über gepflanzt werden. Einzige Voraussetzung ist ein heller Ort. Auch Erde ist nicht unbedingt nötig, denn Kresse kann durchaus auch auf Watte, Vlies oder Küchenrolle gezogen werden. Und acht bis zehn Tage nach der Aussaat kann man sich dann an herrlich schmeckender und noch dazu vitaminreicher Kresse erfreuen.

Weinempfehlung:
**Grüner Veltliner**
**leicht & fruchtig**
Weingut Kroneder

**GÄRTNER TIPP**

ESSEN SIE AUCH ROHE HAGEBUTTEN, SIE SIND EINE WERTVOLLE „VITAMIN C BOMBE“. JE SPÄTER MAN SIE PFLÜCKT (ERST NACH FROST), DESTO SÜSSER WERDEN SIE. OFT VERBLEIBEN DIE FRÜCHTE AUCH ÜBER DEN WINTER AM STRAUCH UND KÖNNEN PROBLEMLOS IM FRÜHLING GEGESSEN WERDEN.

# Gelierte Apfelsuppe mit Hagebutte

besonders anspruchsvoll

**Die Zubereitung:**
Äpfel schälen, in Würfel schneiden mit Wasser und Weißwein aufkochen, mixen und durch ein Passiertuch seihen.
Dies sollte 800 ml Saft ergeben, wenn nötig mit Apfelsaft auffüllen.
Den Gelierzucker in einem Topf erhitzen bis er leicht karamellisiert. Mit dem zuvor hergestellten Saft ablöschen und das Karamell vollständig auflösen lassen. Zitronensaft zugeben, Suppe aufkochen und mit der zuvor in kaltem Wasser eingeweichten Gelatine verrühren. Mit Calvados parfümieren und für circa 4 Stunden in den Kühlschrank stellen.
Währenddessen die Hagebutten waschen und in einem Geschirrtuch gut abrubbeln, um die schwarzen Blütenreste an der Frucht zu entfernen. Hagebutten in einem großen Topf mit Wasser bedeckt weich kochen, bei Bedarf Wasser zugeben! Je nach Weichegrad der Hagebutten 40–50 Minuten Kochzeit!
Danach die Hagebutten mit so wenig Wasser wie möglich mixen und durch ein feines Sieb passieren. Mit 100 g Zucker verrühren und in die Sahneflasche füllen, diese mit zwei Patronen versetzen und gut schütteln. Die Flasche für circa 5 Stunden kaltstellen.
Die bereits gelierte Apfelsuppe in einer kleinen Dessertschale anrichten, den Hagebuttenschaum in die Tumbler füllen. Mit Minzeblätter garnieren.

Zutaten für 4 Personen:
**1200 g Äpfel (Golden Delicious, Elstar, Boskop)**
**200 ml Weißwein**
**200 ml Wasser**
**220 g Gelierzucker**
**4 Blatt Gelatine**
**50 ml Calvados (Apfellikör)**
**200 g frische Hagebutten**
**Saft von einer Zitrone**
**100 g Zucker**
**Minzeblätter zum Garnieren**

**Material:**
Spitzsieb
Passiertuch (Etamin)
Standmixer
Sahneflasche
2 Sahnepatronen
Dessertschalen
Tumbler (breite niedrige Gläser)

Weinempfehlung:
**Grüner Veltliner Spätherbst**
Familiengut Rosner

sehr anspruchsvoll

Zutaten für 4 Personen:
**400 g Kalbsfilet**
**1 EL Sojasauce**
**3 EL Sesamöl**
**1 TL Curry**
**40 g Ingwer**
**2 TL Stärkemehl**
**½ Stange Lauch**
**100 g Sojasprossen**
**100 g Paprika (gelb, rot)**
**100 g Austernpilze oder Kräuterseitlinge**
**200 g Reisbandnudeln (eingeweicht)**

Weinempfehlung:
**Grüner Veltliner**
**Spiegel Kamptal DAC**
Weingut Sax

# Waldviertler Kalbsfilet mit Gartengemüse aus dem Wok

**Die Zubereitung:**
Das Kalbsfilet in Streifen schneiden, mit Sojasauce, 1 Esslöffel Sesamöl, Curry, etwas Salz und gehacktem Ingwer gut marinieren und mit Stärkemehl bestauben.
Lauch, Paprika und Pilze waschen, abtropfen lassen und in feine Streifen schneiden.

Etwas Sesamöl im Wok erhitzen, die Kalbsfiletstreifen darin scharf anbraten und wieder aus der Pfanne nehmen. Erneut Sesamöl in der Pfanne erhitzen und nacheinander Lauch, Sojasprossen, Paprika und die Pilze darin anbraten. Das Gemüse nun mit den Kalbsfiletstreifen vermischen.

Die in warmen Wasser eingeweichten Reisbandnudeln abtropfen lassen und in mundgerechte Stücke schneiden. Zu der Gemüse-Fleisch-Mischung geben, im heißen Wok durchschwenken und nachwürzen. Auf vorgewärmte Teller anrichten.

# Grüner Salat fruchtig

einfach

Zutaten für 4 Personen:
**1 Grüner Salat**
**200 g Erdbeeren**
**2 Birnen**
**200 g Emmentaler**
**½ Bd. Basilikum**
**2 EL weißen Balsamico**
**Salz, weißer Pfeffer**
**3 EL kaltgepresstes Macadamianuss- oder Mandelöl**
(erhältlich im Natur- oder Feinkostladen)

**Die Zubereitung:**

Den Salat waschen, abtropfen lassen und in mundgerechte Stücke zupfen. Die Birnen waschen, abtrocknen und in 1 x 1 cm große Würfel schneiden. Die Erdbeeren ebenfalls waschen, den Strunk entfernen und halbieren.

Emmentaler in feine Scheiben schneiden und alles in eine Schüssel geben. Die Basilikumblätter in feine Streifen schneiden und darauf verteilen.

Aus Essig, Öl, Salz und Pfeffer eine Marinade rühren und den Salat damit marinieren. Auf gekühlten Tellern anrichten.

Weinempfehlung:
**Gelber Muskateller**
**Kichenweingarten**
Weingut Wutzl

# Kohlsprosserl-Salat mit roten Rüben und Bauernspeck

sehr anspruchsvoll

**Die Zubereitung:**
Die roten Rüben waschen, in einem Topf mit Salzwasser und etwas Kümmel 1–2 Stunden kochen. Noch im heißen Zustand schälen und in 5–10 mm dicke Scheiben schneiden.
Währenddessen die Kohlsprossen waschen und die Blätter abtrennen. In einer Pfanne den Speck ohne Fett knusprig braten und danach auf einem Küchenpapier abtropfen lassen.

Für die Marinade die Schalotten schälen, feinwürfelig schneiden und in der Speck-Pfanne anschwitzen. Die Kohlsprossenblätter dazugeben und bei geringer Hitze 3–4 Minuten braten. Mit Salz, Pfeffer und Weißweinessig abschmecken.

Auf einem Teller die roten Rüben auflegen, mit Meersalz bestreuen und mit den Kohlsprossen belegen. Die Marinade aus der Pfanne auf die Kohlsprossen verteilen und mit den knusprigen Speckchips anrichten.

Zutaten für 4 Personen:
**150 g Kohlsprossen**
**4 rote Rüben**
**etwas Kümmel**
**8 Scheiben Bauernspeck**
**Meersalz**

**4 kleine Schalotten**
**1 Schuss Weißweinessig**
**Salz, Pfeffer**

Weinempfehlung:
**Chardonnay**
Weingut Johann Hagmann

besonders anspruchsvoll

# *Flusskrebse mit Kohlrabi und Zitronenschaum*

Zutaten für 4 Personen:
**12 Flusskrebse**
**1 Schuss Weißweinessig**
**Kümmel**
**1 Lorbeerblatt**

**2 Kohlrabi**
**Saft von 2 Zitronen**
**Abgeriebene Schale von einer unbehandelten Zitrone**
**250 ml Rama Cremefine zum Kochen**
**125 ml Schlagobers**
**Sodawasser oder kohlensäurehältiges Mineralwasser**
**1 EL kalte Butter**
**1 TL Honig**
**Salz, weißer Pfeffer**

**Material:**
Stabmixer

Weinempfehlung:
**Riesling**
**Steinhaus**
Weingut Nastl

**Die Zubereitung:**
Die Flusskrebse in kochendem Salzwasser mit einem Schuss Weißweinessig, wenig Kümmel und Lorbeerblatt 1 Minute kochen lassen und 90 Sekunden am Herdrand ziehen lassen. Danach die Krebse sofort in Eiswasser abschrecken.
Die Krebsschwänze ausbrechen, dafür den Kopf mit einer Drehbewegung ablösen. Nun die ersten beiden Ringe des Schwanzteils aufbrechen und entfernen. Das Fleisch durchdrücken auf das hintere Ende, nach vorne ziehen und auslösen.

Den Kohlrabi schälen und in Spalten oder Würfel schneiden. In einem Topf den Kohlrabi mit Sodawasser bedecken, salzen und bissfest kochen. Etwas Flüssigkeit davon in einer Pfanne erhitzen und mit der kalten Butter aufkochen lassen. Den Kohlrabi und die Flusskrebsschwänze darin durchschwenken und abschmecken. Nicht mehr kochen lassen!!!
In einer hohen Kasserolle „Rama Cremefine zum Kochen“, Zitronensaft und Zitronenschale erwärmen. Mit Salz, weißem Pfeffer und Honig abschmecken. Vor dem Anrichten mit einem Stabmixer schäumen.

Den Kohlrabi, die Flusskrebserl auf den Tellern verteilen und mit dem Zitronenschaum überziehen.

# *Geräucherte Forelle mit Erdäpfel, Zuckerschoten und Speckchips*

anspruchsvoll

**Die Zubereitung:**

Die Erdäpfel gut waschen und in Salzwasser mit etwas Kümmel kochen. Frühstücksspeck mit der Aufschnittmaschine in hauchdünne Scheiben schneiden. Anfallende Speckreste in kleine Würfel schneiden. In einer Pfanne die Speckscheiben bzw. die Würfel knusprig braten und auf einem Küchenpapier abtropfen lassen. Die gekochten Erdäpfel in einer Pfanne mit Butter anbraten.

Erbsenschoten waschen, wenn nötig die Fäden ziehen, schräg halbieren und mit den Erdäpfel kurz mitbraten. Mit Salz und Pfeffer würzen.

Schnittlauch so fein wie möglich schneiden.

Den Forellenfilets die Haut abziehen, falls nötig Gräten entfernen und halbieren.

Erdäpfel auf Teller anrichten, mit einem Stück Forellenfilet belegen, darüber die Zuckerschoten und die knusprigen Speckchips verteilen. Die Teller mit Schnittlauch bestreuen.

Zutaten für 4 Personen:

**2 geräucherte Forellenfilets**
**250 g heurige Erdäpfel (klein)**
**30 g Frühstücksspeck**
**20 Zuckerschoten**
**2 Schalotten**
**1 kleiner Bd. frischer Schnittlauch**
**Salz, Kümmel**
**schwarzer Pfeffer aus der Mühle**
**ca. 1 EL Butter**

**Material:**
Aufschnittmaschine

Weinempfehlung:
**Riesling vom Urgstein Kamptal DAC**
Weingut Hubert Traxler

| | In 100 Gramm durchschnittlich enthalten: | | | | | | | | | | | | |
|---|---|---|---|---|---|---|---|---|---|---|---|---|---|
| | | | Gramm | | | | Milligramm | | | | | | |
| **Gemüsesorten** | **Kcal** | **Wasser in %** | **Eiweiß** | **Fett** | **Kohlenhydrate** | **Ballaststoffe** | **Vitamin A** | **Provitamin A** | **Vitamin B 1** | **Vitamin B 2** | **Niacin** | **Vitamin B 5 Pantothensäure** | **Vitamin B 6** |
| **Brokkoli** | 27 | 89,4 | 3,5 | 0,2 | 2,5 | 2,9 | | 1,6 | 0,09 | 0,2 | 1 | | |
| **Endiviensalat** | 10 | 94,3 | 1,8 | 0,2 | 0,3 | 1,5 | | 1,14 | 0,05 | 0,12 | 0,41 | | |
| **Erbsen** | 93 | 76 | 6,7 | 0,5 | 13,9 | 1,9 | 0,05 | | 0,28 | 0,15 | 2,1 | | 0,17 |
| **Erdäpfel** | 65 | 78 | 1,9 | 0,1 | 13,8 | 2,1 | | | 0,1 | 0,7 | 1,2 | 0,3 | 0,3 |
| **Fisolen** | 29 | 90,4 | 2,24 | 0,26 | 4,4 | 2 | 0,3 | 0,31 | 0,07 | 0,14 | 0,5 | 0,2 | 0,14 |
| **Gurke** | 12 | 95 | 0,6 | 0,2 | 2 | 0,6 | 0,1 | | 0,02 | 0,03 | 0,2 | 0,2 | |
| **Karfiol** | 22 | 92 | 2,5 | 0,3 | 2,3 | 2,9 | 1,9 | 0,03 | 0,1 | 0,1 | 0,6 | | 0,2 |
| **Karotten** | 28 | 90 | 1 | 0,4 | 5,5 | 2,8 | | 8,1 | 0,07 | 0,06 | 0,8 | 0,27 | 0,07 |
| **Knoblauch** | 143 | 60 | 6,6 | 0,1 | 28,4 | 1,9 | | | 0,2 | 0,1 | 0,7 | 0,2 | 0,4 |
| **Knollensellerie** | 26 | 90 | 1,55 | 0,33 | 4,3 | 3,9 | | 0,02 | 0,04 | 0,07 | 0,9 | | 0,2 |
| **Kohlrabi** | 26 | 91,3 | 1,94 | 0,1 | 4,2 | 1,5 | | 0,27 | 0,05 | 0,05 | 1,8 | 0,1 | 0,12 |
| **Kohlsprossen** | 5 | 85 | 4,45 | 0,56 | 3 | 4,1 | | 0,47 | 0,11 | 0,16 | 0,67 | | 0,28 |
| **Kopfsalat** | 11 | 95 | 1,3 | 0,2 | 1,1 | 1,5 | | 0,79 | 0,06 | 0,08 | 0,32 | | 0,06 |
| **Kürbis** | 24 | 92 | 1,1 | 0,13 | 5,46 | 1,24 | | | 0,045 | 0,065 | 0,5 | | 0,11 |
| **Mangold** | 19 | 91 | 2 | 0,2 | 3,7 | 1,6 | 330 | 2–3,3 | 0,06–0,09 | 0,16–0,18 | | 0,6 | |
| **Melanzani** | 17 | 92,6 | 1,2 | 0,2 | 2,5 | 2,8 | | 0,4 | 0,04 | 0,04 | 0,6 | | 0,08 |
| **Paprika** | 28 | 91 | 1,17 | 0,33 | 4,73 | 2,2 | | 0,6 | 0,06–0,09 | 0,05 | 0,33 | | |
| **Paradeiser** | 12 | 94,2 | 0,95 | 0,21 | 1,53 | 2,5 | | 0,82 | 0,06 | 0,04 | 0,53 | | 0,1 |
| **Pastinaken** | 22 | 80 | 1,3 | 0,38 | 2,9 | 11,6 | | | | 0,13 | | 0,5 | |
| **Porree** | 19 | 89 | 2,2 | 0,3 | 1,8 | 4,4 | | 0,02–0,7 | 0,1 | 0,16–0,18 | 0,5 | | |
| **Radicchio** | 23 | 92 | 1,4 | 0,2 | 4,5 | 0,9 | | | | | | | |
| **Radieschen** | 15 | 94,4 | 1,05 | 0,14 | 2,2 | 1,6 | | | 0,03 | 0,03 | 0,25 | 0,18 | 0,06 |
| **Rettich** | 13 | 93 | 1,1 | 0,1 | 1,9 | 2,3 | | | | | | 0,2 | 0,1 |
| **Rhabarber** | 9 | 93 | 0,6 | 0,1 | 1,3 | 2,4 | 0,01 | | 0,03 | 0,03 | 0,25 | 0,08 | 0,03 |
| **Rote Rübe** | 32 | 88,8 | 1,53 | 0,1 | 6,28 | 2,3 | | 0,01 | 0,02 | 0,04 | 0,2 | | 0,05 |
| **Rucola** | 25 | 90 | 2,6 | 0,7 | 2,1 | 1 | | | | | | | |
| **Spargel** | 17 | 94 | 1,9 | 0,1 | 1,9 | 1,8 | | 0,03 | 0,1 | 0,16–0,18 | 1 | | 0,05 |
| **Spinat** | 20 | 92,7 | 2,5 | 0,4 | 1,6 | 1,2 | | 0,7 | 0,1 | 0,2 | | | 0,2 |
| **Topinambur** | 33 | 79 | 2,4 | 0,4 | 4,8 | 11,7 | | | 0,2 | 0,06 | 1,3 | | |
| **Vogerlsalat** | 14 | 93,4 | 1,8 | 0,4 | 0,7 | 1,5 | | 3,9 | 0,07 | 0,08 | 0,38 | | 0,25 |
| **Zucchini** | 19 | 93 | 1,9 | 0,3 | 2,3 | 1,1 | | 0,2 | 0,2 | 0,16–0,18 | 0,4 | | |
| **Zwiebel** | 28 | 88 | 1,3 | 0,3 | 4,9 | 1,8 | | 0,03 | 0,03 | 0,03 | 0,2 | | 0,13 |
| **Obstsorten** | | | | | | | | | | | | | |
| **Apfel** | 48 | 85 | 0,3 | 0,4 | 10,5 | 1,8 | | | | | | | |
| **Birne** | 50 | 77 | 0,5 | 0,3 | 11,5 | 2,6 | | | | | | | |
| **Erdbeere** | 30 | 88 | 0,6 | 0,4 | 7 | 2,3 | | | | | 0,5 | | |
| **Holunder** | 54 | 82 | 2,6 | | 7 | 3,8 | 0,1 | | 0,1 | 0,16–0,18 | 1,7 | 0,2 | 0,3 |
| **Marille** | 48 | 85 | 1,4 | 0,4 | 11,1 | 2,4 | 0,3 | | | | 0,7 | | |
| **Zwetschke** | 55 | 83 | 0,8 | 0,6 | 13 | 1,5 | | | | | | | |

| | In 100 Gramm durchschnittlich enthalten: | | | | | | | | | | | | | | |
|---|---|---|---|---|---|---|---|---|---|---|---|---|---|---|---|
| | Milligramm | | | | | | | | | | | | | | |
| Gemüsesorten | Vitamin C | Folsäure | Vitamin E | Vitamin K | Kalzium | Phosphor | Kalium | Magnesium | Natrium | Kupfer | Zink | Eisen | Mangan | Schwefel | Oxalsäure |
| Brokkoli | 110 | | | | 359 | 80 | 359 | | 20 | | | 1,2 | | | |
| Endiviensalat | 9 | 0,05 | | | 55 | 55 | 345 | 10 | 55 | 0,1 | 0,34 | 1,4 | 0,22 | | |
| Erbsen | 25,5 | | | | 26 | 119 | 296 | 33 | 2 | | | 1,9 | 0,7 | | |
| Erdäpfel | 16 | | | | 6 | 37 | 415 | 21 | 3 | | | 0,3 | | 27 | |
| Fisolen | 19,5 | | | | 50,8 | 37 | 256 | 26 | 1,7 | | | 0,79 | | | |
| Gurke | 8,6 | | 0,1 | | 14 | 25 | 131 | 8 | 9 | | | 0,5 | | | |
| Karfiol | 70 | 0,03 | | | 20 | 54 | 328 | | 16 | | | 0,6 | | | |
| Karotten | 5,7 | | 2,6 | | 35 | 31 | 282 | 21 | 45 | 0,08 | | 0,7 | | | |
| Knoblauch | 13,4 | | | 0,3 | 39 | 122 | 482 | 37 | 19 | | | | | 46 | |
| Knollensellerie | 8,25 | | 2,6 | | 68 | 80 | 321 | 9 | 77 | | | 0,5 | | | |
| Kohlrabi | 53 | 0,01 | | | 75 | 49,7 | 392 | 48 | 10 | 0,14 | | 0,9 | | | |
| Kohlsprossen | 104 | | | | 29 | 86,4 | 411 | 20 | 7 | | | 1,1 | | | |
| Kopfsalat | 13 | 0,04 | 0,344 | | 35 | 35 | 225 | 11 | 10 | 0,06 | 0,22 | 1,1 | 0,35 | | |
| Kürbis | 9 | 0,035 | | | | 44 | 383 | | 1,1 | | | 0,8 | | | |
| Mangold | 30 | | | 0,4 | 51 | | | 54–76 | 213 | | | 1,8 | | | |
| Melanzani | 5 | | | | 13 | 21 | 224 | 11 | 3 | | | 0,4 | | | |
| Paprika | 139 | | 0,65 | | 11,2 | 29 | 212 | 12 | 1,75 | | | 0,75 | | | |
| Paradeiser | 24,2 | | | | 14 | 26 | 297 | 20 | 6,3 | | | 0,5 | | | |
| Pastinaken | 18 | | 0,9 | | 51 | 73 | 469 | 22 | 8 | | | 0,62 | | | |
| Porree | 30 | | 2 | | 87 | 46 | 225 | 18 | 5 | | | 1 | | | |
| Radicchio | 27 | | 0,5 | 0,2 | 19 | | 240 | | 22 | | | 0,6 | | | |
| Radieschen | 29 | | | | 34 | 26,4 | 255 | | 17 | | | 1,5 | | | |
| Rettich | 26,5 | | | | 30 | 29 | 345 | 15 | 19 | | | | | 24 | |
| Rhabarber | 6 | | 0,3 | | 52 | 27 | 225 | 12 | 2 | | | | | 10 | |
| Rote Rübe | 10 | 0,07 | | | 29 | 45 | 336 | 25 | 86 | | | 0,9 | | | |
| Rucola | | | | | 160 | | 369 | | | | | | | | |
| Spargel | 21 | 0,1 | | | 21 | 46 | 207 | 20 | 4 | | | 1 | | | |
| Spinat | 40–150 | | 2,5 | | 130 | 45 | 450 | 23 | 65 | 0,1 | 0,22 | 3–4 | | | 800 |
| Topinambur | 40–150 | | | | 27 | 78 | 480 | 20 | | | | 3,7 | | | |
| Vogerlsalat | 35 | 0,15 | | | 36 | 50 | 420 | 13 | 4 | 0,11 | 0,54 | 2 | | | |
| Zucchini | 17 | | | | 25 | 29 | 177 | 18 | 3 | | | 1 | | | |
| Zwiebel | 8,5 | | 0,2 | | 31 | 33 | 162 | | 3 | | | 0,3 | | | |
| Obstsorten | | | | | | | | | | | | | | | |
| Apfel | 11 | | 0,5 | | 0 | 10 | 132 | 6 | 3 | | 0,1 | 0,1 | | | |
| Birne | 4,7 | | 0,4 | | 8 | 14 | 116 | 7 | 2 | | 0,2 | 0,2 | | | |
| Erdbeere | 65 | | | | 14 | | | | 1 | | | | | | |
| Holunder | 20 | | | | 35 | 62 | 315 | | 1 | | | | | | |
| Marille | 10 | | 0,5 | | 14 | | | | 1 | | | 0,5 | | | |
| Zwetschke | 9,5 | | 0,8 | | 4 | | | | | | | 0,1 | | | |

# *Wichtige Informationen für eine gesunde Gartenküche!*

Erklärung der Inhaltsstoffe der zuvor aufgelisteten Gemüsesorten:

**(Pro-)Vitamin A (Carotinoide, Betacarotin)**:
Schützt Zellen; Augenfunktion; Aufbau von Haut und Schleimhaut; Knochenwachstum, Immunsystem
Enthalten in: **Grünem, gelbem und rotem Gemüse.**

**Vitamin B 1:**
Für starke Nerven und Leistungsfähigkeit des Gehirns. Für ein gesundes, kräftiges Herz!
Enthalten in: **Nüssen, Sonnenblumenkernen, Weizenkeimen, Erdäpfel, Naturreis, grünen Erbsen.**

**Vitamin B 2:**
Wirkt an der Zellatmung mit und ist somit lebensnotwendig; hält den ganzen Körper gesund.
Enthalten in: **Milch und Milchprodukten, Fisch, Vollkornprodukten, Salat, dunklen Blattgemüse.**

**Niacin (Vitamin B 3):**
Eiweiß-, Fett- und Kohlenhydratstoffwechsel; wichtig für die Regenerierung von Haut, Muskeln, Nerven und der DNA.
Enthalten in: **Fisch, Geflügel, Leber, Eier, Bierhefe und in geringen Mengen in verschiedenen Gemüsearten.**

**Pantothensäure (Vitamin B 5):**
Unterstützt den Herzschlag, die Verdauung, gesunde Haut und die Lungenfunktion. Wichtig für gesunde Funktion der Nebennieren und ist an der Bildung der Nebennierenhormone beteiligt, die zur Stressbewältigung dienen – „Anti-Stress-Vitamin".
Enthalten in: **Eigelb, Vollkorngetreide, Leber, Bierhefe und in geringen Mengen in verschiedenen Gemüsearten.**

**Vitamin B 6:**
Unterstützt Wachstum; gute Funktion von Herz, Gehirn und Leber. Wichtig für Wohlbefinden der Frau.
Enthalten in: **Bananen, Sojabohnen und -sprossen, Walnüssen, Müsli, Vollkornprodukten und in geringen Mengen in verschiedenen Gemüsearten.**

**Vitamin C:**
Zur Unterstützung des Immunsystems; an sehr vielen Vorgängen im Körper beteiligt.
Enthalten in: **Rohem Obst und Gemüse, Sojabohnen.**

**Folsäure:**
Blutbildung; Wachstum und Herstellung von Zellen.
Enthalten in: **Spinat, Mangold, Wirsing, Hülsenfrüchten, Nüssen.**

**Vitamin E:**
Verbessert die Durchblutung; erhöht Leistungsfähigkeit; senkt Blutfettgehalt; stärkt Abwehrsystem.
Enthalten in: **Nüssen, Butter, Vollkorngetreide, Sonnenblumenöl, Karotten und Knollensellerie.**

**Vitamin K:**
Herstellung bestimmter Eiweißstoffe im Blut (für Blutgerinnung) und im Knochen.
Enthalten in: **Grünem Blattgemüse, Salat, Milch, Joghurt, Fleisch.**

**Ballaststoffe:**
Regeln den Cholesterinhaushalt, fördern Stoffwechsel, wirken entgiftend.

**Sekundäre Pflanzstoffe:**
Krebsvorbeugend; wirken antioxidaktiv; Schutz vor freien Radikalen; wirken gegen Bakterien, Viren und Pilze; beugen Herzinfarkt und Gefäßschädigungen vor; blutdrucksenkend; blutzuckersenkend.

**Kalzium:**
Verleiht den Knochen und Zähnen ihre Stützfunktion.
Enthalten in: **Brokkoli, Sesam, roten und weißen Bohnen, Milch und Milchprodukten.**

**Phosphor:**
Bestandteil der DNA – in jeder Zelle enthalten.
Enthalten in: **Milch, Fleisch, Fisch und Eiern.**

**Kalium:**
Weiterleitung von Nervenimpulsen; Herzrhythmus, Muskeltätigkeit.
Enthalten in: **den meisten Gemüsearten und Hülsenfrüchten.**

**Magnesium:**
Wichtig für Stoffwechselvorgänge in Zähnen, Knochen, Sehnen, Muskeln und zuständig für Reizübertragungen; steuert Muskel- und Nervenfunktionen.
Enthalten in: **Grünem, getrockneten Gemüse, Sonnenblumenkernen, Vollkornprodukten, Haferflocken, Getreide, Schokolade und Nüssen.**

**Natrium:**
Bestimmt Volumen und Druck der Körperflüssigkeiten außerhalb der Zelle; spielt eine wichtige Rolle bei der Übertragung von Nervenimpulsen und ist wichtig für Säure-Basen-Haushalt.
Enthalten in: **Mangold, Spinat, Rote Rüben, Knollensellerie.**

**Kupfer:**
Dient der Gesunderhaltung von Haut und Augen; ist ein Radikalfänger.
Enthalten in: **Innereien, Schalentieren, Nüssen, Schokolade, Gewürzen.**

**Zink:**
Wichtig für die Wundheilung, Haut, Haare, Nägel, Stoffwechselaktivitäten.
Enthalten in: **Fleisch, Innereien, Austern, Haferflocken, Milchprodukten.**

**Eisen:**
Blutbildung und Stoffwechsel; wichtig für das Immunsystem.
Enthalten in: **Brot, Fleisch, Milchprodukten und Wurstwaren.**

**Mangan:**
Ist ein wichtiger Bestandteil von Enzymen und beeinflusst den Fett- und Kohlenhydratstoffwechsel im Körper. Er unterstützt das Immunsystem und wird außerdem für das Knochenwachstum und das Funktionieren der Nerven benötigt. Ein Manganmangel führt zu Wachstumsstörungen.
Enthalten in: **Getreideprodukten, Heidelbeeren, Himbeeren, Erdbeeren, Ingwer, Zimt und Früchten.**

**Schwefel:**
Ist ein wichtiger Bestandteil von Bindegewebe. Besonders schwefelreich sind Haare und Nägel und er ist außerdem in zahlreichen Substanzen des menschlichen Körpers enthalten.
Enthalten in: **Eiern und Milch.**

**Chrom:**
Chrom ist ein essentielles Spurenelement, das im Kohlenhydratestoffwechsel des Menschen wichtige Aufgaben erfüllt. Chrom aktiviert den Stoffwechsel und verringert Heißhungerattacken. Erhält Funktionstüchtigkeit der Hornhaut und Augenlinse.
Enthalten in: **Fleischprodukten, Bierhefe, Käse und Vollkornprodukten.**

**Flavonoide:**
Sind Antioxidantien und gehören zu den sekundären Pflanzenstoffen. Flavonoide schenken Pflanzen ihre rote, blaue oder violette Farbe.
Sie neutralisieren freie Radikale, die über Umweltgifte oder Stoffwechselprozesse in den Körper gelangen und ihn angreifen. Sie schützen die Körperzellen vor Schäden, die das Krebsrisiko erhöhen können. Auch auf das Herz-Kreislaufsystem haben Flavonoide einen positiven Einfluss, da sie die Thrombosegefahr senken und den Blutdruck ausgleichen können. Flavonoide wirken entzündungshemmend und hemmen im Allgemeinen das Wachstum von Bakterien, Viren und Pilzen.
Enthalten in: **Häufig in Schalen oder Randschichten der Obst- oder Gemüsesorten.**
**Melanzani, Äpfel, Trauben, Kirschen, Tee.**

Essbare
Blüten & Pflanzen

Kapuzinerkresse

Rosen

Taglilie

## Kapuzinerkresse

Die Kapuzinerkresse zählt zu den Gewürzpflanzen. Sowohl Blüten, Blätter als auch der Samen sind essbar und werden häufig für Salate verwendet. Die Blüten wirken sehr dekorativ und können als Verzierung sämtlicher Speisen verwendet werden.

### Kapuzinerkresse als Heilmittel

Sie wirkt bei Atemwegsinfekten, wie Husten, Schnupfen, Halsweh und Heiserkeit genauso gut wie konventionelle Antibiotika. Auch Harnwegsinfekte werden positiv beeinflusst. Gemeinsam mit Meerrettich hilft sie gegen eine Vielzahl von Keimen.

## Rosen

Sie sind nicht nur ein Genuss für das Auge sondern lassen sich auch mit deren Aroma sehr gut in der Küche einsetzen. Es gibt viele verschiedene Varianten die Rose in der Küche zu verwenden. Rosenmarmelade, Rosenbowle, Rosensirup, kandierte Rosenblätter. Die Rose wurde schon von den alten Ägyptern in der Küche verwendet und die Römer parfümierten sogar ihren Wein damit.

Wichtig ist, dass man nur Rosenblätter verwendet die frei von Pestiziden sind.

Einer der größten Vitamin C-Quellen ist die Hagebutte. Sie ist die Frucht der Wildrose und wird nach dem ersten Frost geerntet. Auch die Hagebutte lässt sich vielseitig verwenden.

### Rose als Heilmittel

Rosenöl hat eine positive Wirkung auf Herz und Kreislauf, Magen und Darm, sowie auf die Haut. Es hilft bei Stress, Ängsten und Depressionen.

## Taglilie

Taglilien sind vor allem in der asiatischen Küche sehr begehrt. Auch in unserer Küche steigt die Beliebtheit der Taglilien. Jede Sorte hat einen ganz eigenen Geschmack von herb bis süß. Man kann die Knospen roh verspeisen oder auch frittieren. Sie können die Blüte auch in Öl einlegen, in Suppen verwenden, oder einfach die Blüten mit Kräutertopfen oder Mousse füllen.

Lavendel

## Lavendel

Die Blüten, Blätter und nicht verholzten Stängel kann man klein schneiden und als Gewürz für sämtliche Fleischgerichte verwenden. Auch getrockneter Lavendel findet Anwendung in der Küche. Lavendel ist ein wichtiger Bestandteil der „Kräuter der Provence" und sollte aber immer in geringen Mengen verwendet werden.

Lavendel

### Lavendel als Heilpflanze

Er ist zuverlässig winterhart und wirkt antiseptisch, beruhigend, harntreibend und krampflösend. Lavendel findet Anwendung bei Asthma, Erschöpfung, Herzbeschwerden, Husten, Kreislaufschwäche, Migräne, Nervosität, Nervenschwäche (Nervenkraut), Neuralgien und bei Schlaflosigkeit. Außerdem auch als Badezusatz gegen Gicht, Ischias, Rheuma, Nervenschmerzen.

Ringelblume

## Ringelblume

Die Ringelblume lässt sich vielseitig in der Küche einsetzen. Fein gehackte Blütenblätter können in Salate, Pasten, Gemüsegerichte, Frischkäse gemischt werden oder finden auch als Dekoration für Terrinen Anwendung. Die filzigen Blätter können einen Bestandteil eines Wildkräutersalates bilden, da sie eine interessante Geschmacksnote mit sich bringen.

### Ringelblume als Heilpflanze

Die Ringelblume hat eine hohe Heilkraft und wird in Form von Salben, Tinkturen oder Tees angewendet. Bei Hautentzündungen, Ekzemen, Sonnenbrand oder Insektenstichen findet die Ringelblume Anwendung. Der Tee wirkt krampfstillend und die Verdauungsorgane werden dadurch gestärkt.

Dahlie

Zitronenverbene

Tagetes

## Dahlie

Die Blüten der Dahlie kann man in Salate mischen, der dadurch sehr dekorativ wirkt. Dahliensalat ist eine Delikatesse. Aus den Blüten kann man auch einen Likör machen.

## Zitronenverbene

Die Zitronenverbene stammt ursprünglich aus Südamerika und ist der Rolls Royce unter den Gewürzpflanzen und ist bei Köchen und Feinschmeckern besonders beliebt. Verwendet werden die Blätter für Salate, Schweinefleisch- und Pilzgerichte, aber auch zum Würzen von Süßspeisen.

Aus Zitronenverbene kann man auch ein herrliches Erfrischungsgetränk zaubern. Legt man frisch gepflückte Zitronenverbeneblätter für eine halbe Stunde in heißes Wasser, so erhält man einen köstlichen Tee.

### Zitronenverbene als Heilpflanze

Als Heilpflanze wirkt die Zitronenverbene beruhigend bei nervösen Störungen und Stress, bei Angst, Reizbarkeit, Kopfschmerzen und Depressionen. Die Frische ihres Duftes wirkt stimmungsaufhellend und macht fröhlich.

## Gewürztagetes

Die Tagetes eignet sich hervorragend zur Dekoration, z. B. für Salate. Die „normale“ Beettagetes lässt sich auch bedingt essen, sofern man sich nicht von deren starkem Geruch abschrecken lässt. Eher für die Küche sind spezielle Gewürz-Tagetes geeignet, wie die Tagetes tenuifolia, Tagetes minuta dient in Peru als Gewürz.

### Gewürztagetes als Heilmittel

In der mexikanischen Volksmedizin wird die Tagetes als Heilmittel gegen Durchfall, Erkältungen und Verdauungsstörungen eingesetzt.

## Löwenzahn

Die Blätter des Löwenzahns eignen sich für Salat, denn sie enthalten viele Stoffe die der Körper gerade im Frühling benötigt. Die Bitterstoffe regen den Gallenfluss an und stärken die Leber.
Er hat sowohl eine blutzuckerspiegelsenkende als auch blutdrucksenkende Wirkung. Die goldgelben Blüten sind ein gesunder und dekorativer Salatschmuck.

Löwenzahn

### Löwenzahn als Heilmittel

Regt die Nierentätigkeit an und wirkt harntreibend. Er fördert die innere Durchblutung und wurde schon im Altertum zur Blutreinigung sowie bei Gallen- und Leberleiden eingesetzt.

Wiesensalbei

## Wiesensalbei

Der Salbei galt als Elexier des Lebens. Er sollte als Gewürz nur sparsam eingesetzt werden, da seine Würzkraft sehr stark ist. Die Blüten eignen sich ebenfalls zum Verzehr und setzen dem Gericht durch ihre besondere blau-violette Farbe einen besonders dekorativen Akzent.

Veilchen

### Wiesensalbei als Heilpflanze

Wiesensalbei wirkt entzündungshemmend und schwach antibakteriell und kann als Tee, als Spülung oder zum Gurgeln eingesetzt werden. Zudem reduziert er auch die Schweißbildung und übermäßigen Speichelfluss. Der Echte Salbei ist wirksamer und wird deshalb eher als Heilpflanze eingesetzt.

## Veilchen

Sie finden Anwendung in der extravaganten und feinen Küche, da die essbaren Blüten aromatisieren und dekorieren. Veilchenblüten in Zucker eingelegt, verleihen den Süßspeisen einen besonderen Charakter. Sie können ebenfalls für Salate, Sirupe oder Essig verwendet werden.
Mit „Blüten-Eiswürfeln“ kann man Getränke und Cocktails verzieren.

Veilchen

### Veilchen als Heilpflanze
Diese Pflanze wird vorrangig gegen Entzündungen der Atemwege als Sirup, bei nervösen Herz- und Befindlichkeitsstörungen als Tee, bei Hautbeschwerden und bei Rheumatismus als Ölauszug eingesetzt.

Gundermann

## Gundermann (Gundelrebe)
Gundermann passt als Gewürz hervorragend zu Erdäpfelsuppe oder man bereitet ihn wie Spinat zu. Die frischen Blätter eignen sich für Salate, Omelette oder für Topfenaufstriche. Gundermann ist ein Kraut mit einem ungewöhnlichen, aromatischen Duft und würzigen Geschmack.

### Gundermann als Heilpflanze
Gundermann spielte schon im Mittelalter im Hexenglauben eine große Rolle, da es als Zauberpflanze galt. Man sagte ihm nach, es mache hellseherisch.
Gundermann hilft bei Asthma, Rachenkatarrh, gegen Hautkrankheiten, Blasenleiden, Nierensteine und leichten Menstruationsbeschwerden.

Brennnessel

## Brennnessel
Von der Brennnessel werden nur die jungen Triebe und Blätter von März bis Juli geerntet. Brennnessel zur Trocknung für den Winter sollten Sie am besten bis Mai pflücken, da sonst die Nesselhaare zu stark werden. Die Brennnessel lässt sich auch sehr vielseitig einsetzen, wie Brennnesselspinat, -aufstrich, -sirup, -tee, u. v. m.

### Brennnessel als Heilpflanze
Die Brennnessel ist ein altbekanntes Heilmittel. Die enthaltenen Vitamine und Spurenelemente beugen Krebs, Herz- und Kreislauferkrankungen vor, stärken die Knochen, das Knorpel- und Bindegewebe. Unterstützen das Immunsystem, festigen Haut, Haare und Nägel.
Besonders die jungen Pflanzen enthalten viel Vitamin C, welches wiederum die Aufnahme von Eisen begünstigt.

## Schnittlauch
Die Blüte des Schnittlauchs ist genauso zu verwenden wie der Schnittlauch selbst. Er ist nicht nur kräftig im Geschmack sondern wirkt durch seine zarte Blüte bezaubernd.

Schnittlauch

### Schnittlauch als Heilmittel
Der Schnittlauch ist am wirksamsten, wenn er frisch gegessen wird. Er wirkt antibakteriell, gegen Appetitlosigkeit, gegen Blähungen, blutreinigend, gegen Darmentzündungen, gegen Gicht, ist harntreibend, gegen Husten und schleimlösend.

## Wilde Malve
Die Blüten sind eine zarte Köstlichkeit, besonders als Salat. Auch die jungen Stängel kann man verwenden. Sie ergeben ein herrliches Gemüse. Die Blätter sind wegen ihrer schleimigen Konsistenz der Inhaltsstoffe sehr gut zum Eindicken von Suppen geeignet.

Malve

### Wilde Malve als Heilmittel
Die Malve ist eine sehr gute Heilpflanze bei Husten und Halsschmerzen. Sie findet auch bei Entzündungen des Mundes, des Rachens und der Atemwege Anwendung.

## Rosmarin
Die kulinarische Verwendung von Rosmarin ist sehr vielfältig. Er eignet sich gut für Saucen und Eintöpfe, da man ihn länger mitkochen kann. Auf die Dosierung sollte allerdings Acht genommen werden, da er sehr intensiv ist, vor allem im getrockneten Zustand.

Rosmarin

### Rosmarin als Heilmittel
Rosmarintee ist ein wirksames Mittel bei Magenleiden. Er reinigt den Magen vor Verschleimungen und regt die Verdauung an. Die Rosmarinblätter enthalten ein ätherisches Öl, welches eine stärkende Wirkung auf den Kreislauf und die Nerven besitzt.

Thymian

Liebstöckl

Liebstöckl

## Thymian

Thymian kannte man schon in der Antike in der Küche und er kann überall verwendet werden, ganz egal ob zu Fisch, Fleisch oder Gemüse. Zum Kochen verwendet man gleich einen ganzen Stiel den man danach wieder heraus nimmt. Die Geschmacksnote ist im getrockneten Zustand stärker als im frischen. In der mediterranen Küche ist Thymian unentbehrlich.

### Thymian als Heilmittel

Thymian hilft bei Erkrankungen der Atmungs- und Verdauungsorgane und kann als Tee verwendet werden. Thymian dient auch der allgemeinen Desinfektion. Auch Hildegard von Bingen empfahl das Heilkraut bei Keuchhusten und Asthma. Thymian wurde 2006 vom Würzburger Studienkreis Entwicklungsgeschichte der Arzneipflanzenkunde zur Heilpflanze des Jahres erklärt.

## Liebstöckel

Liebstöckel wird oft auch als Maggikraut bezeichnet wegen dem ähnlichen Geschmack des Maggigewürzes. Liebstöckel eignet sich besonders als Gewürz für Suppen, Käsespeisen, Saucen, Eintöpfe, und würzen von Gemüse. Somit ist dieses Gewürz sehr vielseitig einsetzbar.

### Liebstöckel als Heilmittel

Liebstöckel enthält neben Zucker, Fett, Gummi, Harz und organischen Säuren einen hohen Anteil ätherischer Öle. Die wertvollen Inhaltsstoffe, die in den Blättern und den Wurzeln enthalten sind, haben heilsame Wirkungen. Liebstöckel-Bäder helfen bei Hautentzündungen, Liebstöckel-Tees lindern Erkrankungen der Atemwege und Liebstöckel-Extrakte im Kräuter- oder Magenbitter fördern die Verdauung. Die Pflanze wird ebenso gegen Nieren- und Menstruationsbeschwerden eingesetzt. Hier ist aber höchste Vorsicht geboten. Schwangere und Nieren-Patienten sollten auf Liebstöckel verzichten, weil seine stimulierenden Wirkungen für sie negative Folgen haben könnten.

## Dill

Als Gewürz wird der geschmacklich mit Anis und Kümmel verwandte Dill heute in ganz Europa verwendet. Unter anderem zur Verfeinerung von Salaten, Saucen oder Fischgerichten, zur Herstellung von Kräuteressig oder für die Konservierung von Gemüse.

### Dill als Heilmittel

Die ätherischen Öle der Dille wirken appetitanregend, nervenberuhigend, krampflösend und verdauungsfördernd. Stärkt das Immunsystem und wirkt bei Verdauungsstörungen, Koliken und Blähungen.

Dill

Fenchel

Petersilie

## Fenchel

Man kann sowohl die Knolle, die Blätter als auch die Samen verzehren. Ein beliebtes Gewürz zu Fisch und Saucen. Bei der Verwendung der Blätter sollte man nicht zu viel verwenden, da der Geschmack sehr intensiv ist. Fein gehackt einsetzbar für Suppen, Salate oder Majonäsen.

### Fenchel als Heilmittel

Fencheltee wird bei Magen-Darmbeschwerden eingesetzt, sowie bei Bronchialkatarrh, Keuchhusten, Erkältungen und Appetitlosigkeit.

## Petersilie

Petersilie ist ein würziges Gemüse, welches gerne in Suppen, Saucen, Fleischgerichten, Fisch, Erdäpfel u. v. m. verwendet wird. Sie sollte aber auf keinen Fall mitgekocht werden, da sie sonst Ihre wertvollen und gesunden Inhaltsstoffe verliert.

### Petersilie als Heilmittel

Petersilie ist reich an Vitamin C und regt die Nierentätigkeit an. Fördert die Harnausscheidung und kann bei Blasenleiden oder Nierengries eingesetzt werden. Petersilie hilft auch gegen Ohrenschmerzen. Legen Sie einen frischen Stängel an die schmerzende Stelle und fixieren Sie diesen mit einem Tuch oder Stirnband. Weiters ist es ein Heilmittel gegen Mückenstiche und Geschwüre.

Minze

## Minze

Minze wird sehr oft als Dekoration für Süßspeisen verwendet. Aber auch in Cocktails findet man frische Minzeblätter. Tradition hat vor allem die Minzesauce in England. Sonst kann man Minze für Fleischgerichte, Fisch, Suppen oder Salate verwenden.

### Minze als Heilmittel

Minze beruhigt den Magen und ist die beste Heilpflanze bei Übelkeit und Erbrechen. Die Minze wirkt anästhesierend auf den Magen und stoppt so die Symptome. Sie fördert außerdem den Gallenfluss und regt somit die Fettverdauung an. Sie ist auch sehr effektiv bei Blähungen. Bei chronischen Magenbeschwerden sollten Sie aber von Pfefferminztee Abstand halten.

Kresse

## Kresse

Kresse ist sehr beliebt in der Küche und ist leicht zu kultivieren. Man kann sie in Blumentöpfen, auf nassem Küchenpapier oder nasser Watte anbauen. Kresse wird hauptsächlich für Salate oder auf Butterbroten verwendet.

### Kresse als Heilmittel

Sie schützt vor Erkältungskrankheiten, da ihr Vitamin C-Gehalt sehr hoch ist. Das enthaltene Jod hilft unserer Schilddrüse und dem Stoffwechsel. Kresse desinfiziert die Harnwege und stärkt die Blase. Sie gibt Kraft und hilft den Nieren.

## Kerbel

Kerbel wird gerne als Suppenkraut oder als Gewürz für Gemüse, Eintöpfe, Geflügel, Soßen und Salate verwendet. Sein Geschmack erinnert wieder an Anis. Frischer Kerbel hat mehr Aroma, Geschmack und Farbe als getrockneter. Kerbel immer erst am Schluss des Kochvorgangs hinzugeben.

### Kerbel als Heilmittel

Er wirkt magenstärkend, blutreinigend und entwässernd. Er wird auch eingesetzt bei Hautentzündungen und Hautgeschwülsten. Er kann Erkältungen lindern und man kann ihn gegen Kopfschmerzen und Gedächtnisstörungen verwenden.
Als Aufguss aus Kerbelblättern ist er bei unreiner oder fettiger Haut sehr zu empfehlen.

Kerbel

Borretsch

## Borretsch

Der Geschmack der jungen Borretschblätter ist gurkenähnlich und eignet sich hervorragend für das Verfeinern von Dips, Salaten oder Majonäsen. Fein gehackt gibt man ihn in Omelette und zu Kräuterbutter oder friert die dekorativen Blüten in Eiswürfeln ein.

### Borretsch als Heilpflanze

Öl aus Borretschsamen hilft gegen Neurodermitis und hilft bei sensibler Haut. Als Tee ist er geeignet gegen Nervosität, Husten, Nierenentzündungen oder Rheuma bzw. eignet er sich auch zur Blutreinigung.

# NATURKOSMETIK

Die Haut ist das größte Organ des Menschen und hat lebenswichtige Aufgaben zu erfüllen. Ein sorgfältiger Umgang ist deshalb wichtig für einen ganzheitlichen Gesundheitsgedanken.
Die Haut ist ein kompliziertes Organ, das genährt und berührt werden sollte!

Mit selbst zubereiteten Badezusätzen und Körperpflegeprodukten haben Sie ein qualitativ hochwertiges, frisches Produkt und Sie wissen genau um die Zusammensetzung. An die Wirkungsweise kann selbst das teuerste Kosmetikprodukt nicht heranreichen, wie Mediziner immer wieder bestätigen.
Zusätzlich kann man besser auf die Bedürfnisse eingehen und variieren. Die Haut möchte und sollte ebenso verwöhnt werden wie der Gaumen. Die Auswahl von hochwertigen Produkten wird der Körper mit seiner Gesundheit auf Dauer hoch anrechnen.

Bedenkt man, dass die Haut alle Stoffe aufnimmt, also alle Inhaltsstoffe von Pflegeprodukten, so sollte man sehr darauf Bedacht nehmen, womit man sich pflegt. Industriell hergestellte Produkte sind zur Hautpflege eher ungeeignet. Der tägliche Gebrauch dieser Produkte kann den Organismus belasten, zu Hautirritationen und Allergien führen.

Es ist daher vorteilhafter Ölbäder, natürliche Masken, Peelings, z. B. mit Meersalz oder Kaffee, Naturseifen anzuwenden. Sie werden auch überrascht sein, wie einfach man eine Creme mit natürlichen Inhaltsstoffen selber herstellen und genau auf die Bedürfnisse der Haut eingehen kann.

## *Luxus-Naturseifen mit kaltgepresstem Traubenkernöl*

Die Wahl der richtigen Seife stellt so manchen vor ein Problem. Die Firma **„SeifenCreation“** entwickelte eine ausgewogene Rezeptur und produziert erfolgreich seit einigen Jahren handgemachte Luxus-Naturseifen mit Traubenkernöl, unter anderem auch „Weinseifen“.
Diese Naturseifen sind mehr als nur ein edles und sanftes Mittel zur Körperreinigung. Sie enthalten wertvolle und wichtige Pflegestoffe, besonders durch den hohen Anteil an **kaltgepresstem Traubenkernöl**. Dieses wird erst nach dem Verseifungsprozess der Seife zugesetzt, um die besonderen Wirkstoffe des Öles zu erhalten. Aus diesem Grunde nennt man eine Seife auch „überfettet“.
Das kaltgepresste Traubenkernöl besitzt das stärkste Antioxidans, das **OPC**. Es glättet und strafft die Haut nachhaltig, schützt diese vor freien Radikalen und verleiht ein angenehmes Gefühl.
Industriell gefertigte Seifen können aus technischen Gründen nicht überfettet werden und bestehen meist aus minderwertigen Produkten. Naturseifen sind bei der Körperreinigung zu bevorzugen, da diese die Haut nicht austrocknen und als Pflegeprodukt angesehen werden.

Die Luxus-Naturseifen von SeifenCreation werden in kleinen Mengen mit Liebe und Sorgfalt im „Kaltverfahren“, ohne maschinelle Hilfsmittel erzeugt. Bei dieser schonenden Verarbeitung bleiben die pflegenden Eigenschaften der ausgesuchten hochwertigen Öle erhalten.

Die Seifen reifen nach der Herstellung noch 4–6 Wochen. In dieser Ruhezeit kann die Seife ihre pflegenden Eigenschaften und ihre Milde voll entfalten. Der durchschnittliche ph-Wert liegt bei 8–8,5.
Die Seifen sind frei von Konservierungsmitteln und tierischen Fetten. Sie besitzen eine hohe Waschkraft, einen sehr cremigen Schaum und ersetzen eine Hand- bzw. Körpercreme.
Mehr darüber: **www.seifencreation.at**

# Kittenberger Erlebnisgärten

Liebe Gartenfreunde!
Seit nun mehr als 25 Jahren plane und gestalte ich mit meinem hervorragenden Team „Gärten zum Erleben". Dabei war und ist es mir ein besonderes Anliegen die 5 Sinne, Riechen, Schmecken, Fühlen, Hören und Sehen als auch die Grundelemente des Lebens, wie Feuer, Erde, Wasser und Luft in die Gestaltung eines Gartens mit einfließen zu lassen.

Naturnahe Gestaltung mit zeitgenössischer Gartenkunst im Einklang mit den Menschen und Tieren zu bringen, die diesen Garten benutzen, ist zu meinem Markenzeichen geworden.

Um die vielen verschiedenen Möglichkeiten der Gartengestaltung „be-greifbar" zu machen, habe ich vor ca. 10 Jahren begonnen, Schaugärten zu den Gartenthemen anzulegen. Heute besuchen diese Gärten ca. 70 000 Menschen pro Jahr und erleben auf über 22 000 m² Gartengestaltung von seiner schönsten Seite.

Diese Erlebnisgärten zeigen, dass Gärten in der heutigen Zeit nicht nur den oberen Zehntausend vorbehalten sind, sondern für Jedermann und Jederfrau leistbar ist.
Mehr noch – Gärten sind ein wichtiger Bestandteil zur positiven Lebens-weise für uns Menschen, und tragen so zur Gesunderhaltung bei. Aktive Bewegung im Garten, gesunde Ernährung durch Obst, Gemüse und Kräuter und mentale Entspannung in einer durch Stress angespannten Zeit, sind nur einige dieser Gesundheitsfaktoren.

Wenn ich jetzt „Lust auf Gärten" bei Ihnen geweckt habe, dann besuchen Sie unsere faszinierenden Erlebnisgärten in Schiltern bei Langenlois (NÖ) und erleben Sie verwunschene Winkel, großzügige Ausblicke, verschlungene Pfade, unendliche Farbenpracht in geografischer Vielfalt und in höchster gärtnerischer Perfektion.

*Reinhard Kittenberger*

Kittenberger Erlebnisgärten GmbH
Laabergstraße 15, A-3553 Schiltern / Langenlois
Telefon 02734/8228-0, Fax 02734/8228-20
E-mail: office@kittenberger.at, www.kittenberger.at

# Garten**Planung**

*... GestaltungsErlebnis.*

# Gartenplanung & Gestaltung

Das **kreative Planungsteam** der Kittenberger Erlebnisgärten setzt Ihre Träume und Wünsche vom Grünen Paradies mit fachlicher Kompetenz in eine Oase des Wohlfühlens um.

Wir bieten:

- **kompetente Beratung**
- **kreative Planung**
- **professionelle Durchführung**

Bei uns bekommen Sie alles aus einer Hand!

**Sie erreichen uns unter Telefon: 02734-8228-0 oder office@kittenberger.at**

Das **Erlebnisgartencenter** bietet eine große Auswahl an Pflanzen mit Top-Qualität zu Top-Preisen und trendigen Accessoires, die Ihrem Haus und Garten den besonderen Touch verleihen.

Kittenberger Erlebnisgärten GmbH

Laabergstraße 15, A-3553 Schiltern / Langenlois
Telefon 02734/8228-0, Fax 02734/8228-20
E-mail: office@kittenberger.at, www.kittenberger.at

**SEIFENCREATION**
Pflanzliche Luxus-Naturseifen mit kalt gepresstem Traubenkernöl und Amethystwasser.

Wir fertigen auch spezielle Luxus-Naturseife nach Ihren Wünschen und mit Ihren Produkten, wie Weine, Öle, Kartoffeln, Obst u. v. m. an.
Ab einer Mindestbestellmenge von 100 Stück kreieren wir Ihre individuelle Naturseife.
+ Logoaufdruck möglich!

**Kontakt:** Su(sanne) Rihs
+43 / (0)676 / 524 66 70
+43 / (0)2957/ 244 55
su.rihs@utanet.at

**www.seifencreation.at**

**HOFKÄSEREI Robert Paget**
Büffel- und Ziegenkäse-Spezialitäten
A-3492 Diendorf am Kamp
Kirchenweg 2

Öffnungszeiten Hofladen:
Freitag und Samstag 10–18 Uhr

**Kontakt:** Robert Paget
paget.robert@netway.at
+43 / 664 / 15 40 218

**MIELE**
Herde / Backöfen, Dampfgarer, Kochfelder
Rufen Sie uns an!
Wir beraten Sie gerne.

**Miele Konsumentenhotline:**
**050 800 800**

**TRAUBENKERNÖL**
Informationen zu
kalt gepresstem Traubenkernöl
Kontakt: Su(sanne) Rihs
+43/(0)676/524 66 70
su.rihs@utanet.at
**www.traubenkerncreationen.com**

**DIE UMWELTBERATUNG**
Vom Wissen zum Handeln!
**www.umweltberatung.at**

**SCHAUGÄRTEN**
**GARTENPLANUNG**
**ACCESSOIRES FÜR HAUS & GARTEN**

**Kittenberger Erlebnisgärten**
Laabergstraße 15
A-3553 Schiltern / Langenlois
Telefon 02734/8228-0
office@kittenberger.at
**www.kittenberger.at**

## *Das URSIN HAUS:*
## *Zentrum des weintouristischen Geschehens*

**Sie sind in Langenlois auf Herbergssuche oder wollen den Nachmittag einfach in einem Garten ausklingen lassen?** Dann sind Sie im Ursin Haus, der optimalen Symbiose von Tourismusinformation und Kamptaler Gebietsvinothek, genau richtig.

Bei einem Winzer findet die nette Dame am Empfang zum Glück noch ein Zimmer und organisiert für Sie eine Führung durch einen der Kamptalgärten.
Angesichts dieser Tatsache steht einer Weinverkostung mit fachkundiger Beratung nichts mehr im Wege. Sie schöpfen aus dem Vollen, denn 57 Winzer aus Langenlois, Gobelsburg, Mittelberg, Reith, Schiltern, Zöbing, Kammern, Schönberg, Lengenfeld und Straß sind mit mehr als 250 Weinen vertreten. Sekt und Edelbrände vervollständigen das Angebot.
Sie haben sich entschieden und verladen zu Ab-Hof-Preisen die flüssige Erinnerung an das Kamptal, vom Grünen Veltliner über Riesling bis hin zum Zweigelt, in Ihr Auto. Beim Hinausgehen sticht Ihnen noch die Tafel mit den Öffnungszeiten ins Auge: täglich das ganze Jahr über von 10–18 Uhr.

Perfektes Service für die Besucher, denken Sie so bei sich, den nächsten Urlaub in der Weinmetropole Langenlois schon vor Augen.

Ursin Haus Langenlois

Information: **Ursin Haus** | Vinothek & Tourismusservice GmbH
3550 Langenlois, Kamptalstraße 3
Tel.: +43 (0)2734/2000-0, Fax DW-15
info@ursinhaus.at | www.ursinhaus.at

# INHALT

## Übersicht Tipps

## Bildnachweis

© Cover:
Fotolia, Robert Herbst, Pauli Bauer, Alexander Haiden

© Robert Herbst:
Seite: 5, 6, 7, 9, 12, 13, 14, 24, 29, 30, 31, 35, 36, 37, 40, 41, 42, 43, 44, 46, 47, 48, 49, 51, 52, 55, 56, 57, 70, 71, 72, 73, 74, 75, 77, 78, 80, 81, 82, 83, 84, 85, 86, 88, 89, 90, 92, 93, 96, 97, 98, 99, 100, 101, 102, 105, 106, 107, 110 112, 130, 132, 133, 134, 137, 138, 139, 141, 142, 143, 145, 146, 147, 149, 156, 157, 161, 162, 164, 165, 166, 169, 170, 172, 173, 174, 175, 177, 178, 179, 181, 182, 186, 187, 189

© Fotolia.de:
Seite: 45, 50, 59, 60, 67, 68, 76, 77, 87, 91, 94, 103, 107, 108, 111, 114, 116, 118, 123, 125, 136, 144, 148, 153, 176, 183, 185, 193, 195, 206

© Kittenberger Erlebnisgärten:
Seite: 14, 21, 23, 62, 126, 127, 128, 129, 152, 158

© Pauli Bauer:
Seite: 23, 25, 61, 63, 122, 150, 215

© Natur im Garten:
Seiten: 20, 28, 33, 34, 69, 160, 196, 197, 198, 199, 200, 201, 202, 203, 204, 205, 215

© Alexander Haiden:
Seiten: 33, 201, 203, 208